Detlef Hüttemann

Havelland

Radeln für die Seele

15 Wohlfühltouren

Droste Verlag

ALLE RADTOUREN AUF EINEN BLICK

TOUR 1: INSELFEELING 7
Nattwerder und Insel Töplitz
19 km | 70 Hm | 2 Std. | Rundtour

TOUR 2: STILLE UND STERNE 19
In den Gülper Havelauen
34 km | 80 Hm | 3 Std. | Rundtour

TOUR 3: IN DEN AUEN 29
An Dosse und Havel nach Havelberg
42 km | 80 Hm | 4 Std. | Rundtour

TOUR 4: TRAPPEN UND DÖRFER 41
Durch das Havelländische Luch
45 km | 130 Hm | 4,5 Std. | Rundtour

TOUR 5: HOCH HINAUS 51
Vom Rhinluch nach Stölln
45 km | 150 Hm | 4 Std. | Rundtour

TOUR 6: PANORAMATOUR 63
Havelradweg und Werderobst
46 km | 170 Hm | 4,5 Std. | Rundtour

TOUR 7: BIRNEN UND BORSIG 77
Fontanes Ribbeck und Groß Behnitz
34 km | 110 Hm | 3,5 Std. | Rundtour

TOUR 8: AUF DEM POSTWEG 89
Schwante und der Krämer Forst
45 km | 140 Hm | 4,5 Std. | Rundtour

TOUR 9: MILOWER LÄNDCHEN 103
Im Naturschutzgebiet Untere Havel
34 km | 90 Hm | 3 Std. | Rundtour

TOUR 10: KUNST, KULTUR, NATUR 117
An der Emster zum Kloster Lehnin
46 km | 150 Hm | 4,5 Std. | Rundtour

TOUR 11: AB IN DEN SÜDEN 129
Templiner und Schwielowsee
33 km | 140 Hm | 3 Std. | Rundtour

TOUR 12: WÄLDER UND SEEN 141
Durch den Königswald nach Sacrow
18 km | 120 Hm | 2 Std. | Rundtour

TOUR 13: AUF STORCHENTOUR 153
Vom Beetzsee zu den Haveldeichen
40 km | 70 Hm | 3,5–4 Std. | Rundtour

TOUR 14: HAVELLANDS PERLE 169
Rund um den Hohennauener See
30 km | 110 Hm | 3 Std. | Rundtour

TOUR 15: SIEBEN SEEN 181
Von Brandenburg/Havel nach Plaue
36 km | 90 Hm | 3 Std. | Rundtour

Blick auf Vehlgast

Auf den Höhen des Panoramawegs Werderobst

Liebe Genussradler und -radlerinnen,

eine Reise in das Havelland ist eine Reise zu uns selbst. Denn im stillen Zauber der weiten Landschaft und in den ursprünglichen märkischen Dörfern entdecken wir überall traumhafte Natur und die Stille, in der wir uns wiederfinden können.

Das Havelland prahlt nicht mit lauten Attraktionen. Es lädt ein, auf Entdeckungstour zu gehen und die vielfältigen Gesichter der Natur und Kultur aufzuspüren: die eiszeitlichen Niederungen und sanften Höhen, die hier Ländchen genannt werden; das slawische Erbe, das sich in Namen und Formen der Siedlungen wiederfindet; die Feldsteinkirchen aus der Gründungszeit der Mark Brandenburg und die Herrenhäuser aus Preußens Glanz.

Wir besuchen die Havel und die vielen Seen, und wir tauchen ein in die einsamsten Winkel des wunderbaren Naturparks Westhavelland. Wir radeln durch idyllische Dörfer und treffen aufgeschlossene Menschen.

Insgesamt 15 Rundtouren führen uns durch das Havelland. Fast immer glitzert irgendwo ein Fluss oder ein See. Kraniche trompeten über unseren Köpfen, und der Wind flüstert uns zu, dass wir uns nicht beeilen müssen. Denn wir sind da. Wir können unsere Gedanken fliegen lassen wie die Wolken in dem riesigen Himmel über uns.

Detlef Hüttemann

NATUR-INFO

KULTUR-INFO

TOUREN-/EVENT-INFO

GENUSS-INFO

- 19 Kilometer
- 70 Höhenmeter
- 2 Stunden
- Rundtour

Göttiner Garten

Inselfeeling

Nattwerder und Insel Töplitz

Die Tour startet in **Grube** an der Kreuzung **Schlänitzseer Weg,** Ecke Wublitzstraße. Wir fahren die Vorfahrtsstraße Schlänitzseer Weg in südlicher Richtung. Wenn unsere Straße links abbiegen will, fahren wir weiter geradeaus. Das Schild weist in Richtung **Nattwerder** – prima, genau da wollen wir hin. Nach 180 Metern gabelt sich die Straße, wir folgen dem grünen Richtungspfeil nach rechts und nach 70 Metern noch einmal rechts. Wir verlassen den Ort Grube und fahren sehr idyllisch auf einem baumbestandenen Damm. Links und rechts verlaufen kleine Wasserkanäle, um das feuchte und sumpfige Land trockenzulegen und bewirtschaften zu können. Rechts hinter den Bäumen und Büschen verläuft die **Wublitz,** ein Nebenarm der Havel, und auf der anderen Seite der Wublitz liegt die **Insel Töplitz** (mit langem ööö!), auf der wir heute radeln werden!

Nach etwa 1 Kilometer erreichen wir das kleine von Schweizer Kolonisten gegründete Dorf **Nattwerder** ①. Das Dörfchen besteht nur aus einer Handvoll Häuser, aber die Verbundenheit mit der neuen und alten Heimat spürt man überall – seien es der Wegweiser nach Bern („1401 Kilometer") oder die an vielen Stellen aufgestellten Fotografien aus alten Zeiten.

Auch ein Besuch der Kirche und des Friedhofs lohnt sich, findet man doch hier die Spuren der Ahnen der Kolonisten.

Hinter der Kirche ist Nattwerder auch schon wieder zu Ende. Wir fahren auf einem Schotterweg weiter durch die Natur und kommen nach 1 Kilometer

__Nattwerder__ wurde 1685 von 14 Schweizer Familien gegründet, die von Kurfürst Friedrich Wilhelm in Bern angeworben wurden. Die Trockenlegung der nassen Insel („Natt Werder") oblag den Kolonisten, die Kirche dagegen spendierte der Kurfürst.

Alte Kirche in Nattwerder

Für die Seele

Vom verträumten Kolonistendorf Nattwerder aus umrunden wir die Insel Töplitz, wo Wasserbüffel, ein Weinberg und ein Alpengasthof auf uns warten.

an die **Wublitzer Brücke,** eine Fußgänger- und Radfahrerbrücke, die uns über die Wublitz auf die Insel Töplitz bringt.

Von der Brücke hat man einen schönen Blick auf die Wublitz. Nach 300 Metern kommen wir zu einer T-Kreuzung und nehmen den linken Weg.

Rechts von uns erstreckt sich das Grün von Bäumen und Büschen; links wird der Blick frei auf das **Naturschutzgebiet des Wolfsbruchs,** das ist die moorige Südspitze der Insel, wo die Wublitz in die Havel mündet.

Von den Gewässern der Wublitz können wir hier nichts sehen, aber dafür entdecken wir **Wasserbüffel** 2 auf den morastigen Wiesen. Im Gegensatz zu Rindern können sich die Wasserbüffel von den kargen Böden ernähren; diese naturnahe Form der landwirtschaftlichen Nutzung ist eine klimafreundliche Alternative zur Trockenlegung der Moore.

Wir bleiben auf unserem Weg, und nach dem Wolfsbruch kommen wir in **Töplitz,** dem Hauptort der Insel, an. Links von uns erstreckt sich der Jachthafen Ringel und kurz vor der Unterführung der Autobahn können wir der Ausschilderung zur **Trattoria La Marinara** folgen, um das **Hafengelände** zu erreichen. Besonders beeindruckend sind die großen Kräne, mit denen Jachten bis zu 20 Tonnen ins Wasser gebracht werden können.

Nach der Unterführung radeln wir die Straße für etwa 1,5 Kilometer weiter. Links von uns, nach dem roten Haus und der großen Kastanie, führt ein Weg zur Badestelle. Wir können uns nun entscheiden – erst baden oder erst essen? Wir entscheiden uns für

*Das 112 Hektar große **Naturschutzgebiet Wolfsbruch** beherbergt seltene und vom Aussterben bedrohte Tiere wie die Trauerseeschwalbe, Moorfrösche, Biber sowie seltene Pflanzen wie die Sumpfdotterblume oder das Wollgras.*

*Im **Jachthafen** lassen sich auch Kajaks und Ruderboote mieten, mit denen die Gewässer der Wublitz und Havel vom Wasser aus erkundet werden können.*

Alpenflair im Mohrs Herzl Chalet

das Essen, und können danach entspannt an der Badestelle faulenzen.

Zum **Café & Restaurant „Mohrs Herzl Chalet“** 3 fahren wir nach der Abbiegung zur Badestelle noch ein paar Meter weiter geradeaus und kommen zu einem Platz, dem **Inselzentrum** mit zwei Einkaufsläden. Hier fahren wir rechts und gelangen so auf die **Leester Straße,** die uns nach 400 Metern zu unserem Lokal führt.

Es ist kein märkischer Backsteinhof, der uns hier erwartet, sondern ein Alpengasthof, den wir eigentlich in den Schweizer Bergen vermuten würden. Die Liebe zur alpenländischen Kultur findet sich in allen Winkeln wieder, und wenn wir uns dann mit einem Einspänner, Palatschinken oder Wiener Schnitzel vergnügen, unter den schattigen Schirmen auf der Terrasse entspannen, wenn die Frösche aus den Wasserläufen, die die Terrassenflächen umgeben, zum Konzert anstimmen, dann fühlen wir uns wie im Himmel, auch wenn wir nur auf 40 Metern Höhe weilen, und nicht auf 2000.

Unser Ausflug zum Chalet muss jetzt noch unbedingt mit der Pause an der **Badestelle Töplitz** 4 abgerundet werden. Also zurück auf die Leester Straße, am Dorfplatz links und dann rechts abbiegen. Wir folgen der Straße **Zur Badestelle** und kommen unmittelbar zu einer langen Wiese, an deren Ende sich der von Schilf eingerahmte Zugang zum See anschließt. Wir können die Füße im Wasser kühlen, uns auf Bänke setzen oder im Gras ausstrecken und die eben verzehrten Speisen verdauen und dösen.

Ausgeruht geht es auf der Straße an der Badestelle weiter. Beim gelben Haus fahren wir links und dann rechts in die Straße **Zur alten Fähre.** Hier folgt ein kurzes Stück Kopfsteingehoppel, bis links ein asphaltierter Weg abzweigt, in den wir einbiegen.

Wir radeln sorgsam beschattet, bis der Vorhang von Büschen und Bäumen sich öffnet, und – siehe da – rechts ein Hügel mit Weinreben, der **Weinberg des Weinguts Klosterhof Töplitz ⑤,** die Bühne betritt. Wildgänse und Störche durchwaten die sumpfigen Wiesen. Sanftes Rauschen der Blätter über uns, das Zirpen der Grillen im Ohr, idyllisch schlängelt sich die Straße auf den Hügel zu.

Wenn wir einen Wein vom Klosterhof mitnehmen wollen, so biegen wir rechts hinter dem Weinberg in den Schotterweg ab, und nach 350 Metern noch mal rechts. Das Verkaufsgelände ist nicht dauernd besetzt, aber nach kurzem Anruf (die Telefonnummer befindet sich am Eingang) ist dann schnell jemand vor Ort, um uns zu beraten.

!

Auf den 3 Hektar des ***Weinberges*** *vom Klosterhof Töplitz wachsen Reben, die zu Bioweinen reifen; angeboten werden unter anderem Riesling, Grau- und Weißburgunder sowie die in der Sterneküche als Säuerungsmittel verwendete Spezialität Verjus.*

Badestelle Töplitz

Wir fahren vom Klosterhof zurück zur Abzweigung und biegen rechts in die asphaltierte Straße ein, um die Tour fortzusetzen.

Unser Weg führt nun für 750 Meter zwischen Feldern weiter und biegt dann rechts ab (der grüne Richtungspfeil weist uns den Weg), wo er als Schotterpiste in einen Erlenbruch hineinführt. Auf einem Damm radeln wir zwischen dem **Göttinsee** und den **Göttiner Erdelöchern** 6 hindurch. Die Sonne scheint durchs Blätterdach, lässt das Wasser glitzern und die Farne leuchten.

Ein kurzes Stück nur, und wir sind in dem kleinen ehemaligen Fischerdorf Göttin. Wir erreichen einen kleinen Platz mit hübschen Häusern am Rand, einem dicken Baum in der Mitte und Sitzbank rund um den Stamm herum – das ist doch perfekt für eine kleine Rast, um im Schatten die Beine auszustrecken.

Direkt hinter den paar Häusern, die auf den Baum folgen, ist Göttin auch schon wieder zu Ende. Der Weg gabelt sich, und wir nehmen den **linken Schotterweg**. Wir radeln zwischen Feldern in ein kleines Waldstück hinein, folgen dem Weg in einer Rechtskurve, und weiter geht es für 1,1 Kilometer durch leicht hügelige Landschaft. Unser Wald verjüngt sich zu einem Waldstreifen und einzelnen Bäumen, bis wir auf einen quer verlaufenden Weg treffen, in den wir rechts einbiegen.

Nach 500 Metern müssen wir dann links abbiegen. Hier folgt ein sonniges Stück über die Felder. Wir fahren geradeaus, bis wir nach 1,3 Kilometern in ein Waldstück kommen und mit einer Unterführung die A10 passieren.

Wegweiser Weingut Töplitz

Göttiner Erdelöcher

Es folgt das Ortsschild **Leest,** und gleich dahinter zweigt links ein **Schotter-/Sandweg** zum **Schlänitzsee** ab, eine Verbreiterung der Wublitz. Er führt um den Großen Eichholzberg herum und trifft dann wieder auf unsere Straße. Der Weg ist stellenweise unbefestigt. Wenn er uns zu schwer zu fahren ist, können wir hier auch geradeaus weiterradeln, müssen dann aber auf den Blick zum Schlänitzsee verzichten.

Um den Weg zu fahren, biegen wir also links ab. Wir fahren hügelig durch ein Naturwäldchen, links von uns liegen Baumplantagen. Schließlich rollen wir

Der Schlänitzsee

den Hang hinab und werden mit einem tollen Blick auf den Schlänitzsee belohnt. Unser Weg verläuft rechts ein Stück weiter entlang von Ferienhäuschen, dann kehren wir verträumt wieder zurück zu unserer Straße, in die wir links einbiegen.

Für 750 Meter geht es vorbei an einzelnen Häusern, Wiesen und Koppeln, bis wir auf die Vorfahrtstraße **An der Wublitz** treffen. Hier biegen wir links ab. Die Straße führt uns als Damm und Brücke über die Wublitz, und wir treffen nach 800 Metern in **Grube** ein – dem Start- und Zielpunkt unserer Tour.

Göttinsee
Sacrow-Paretzer-Kanal
Schlänitzsee
Schmachtenberg
Voßberg
Göttin
Göttiner Weg
Großer Eichholzberg
Eichholzweg
10
Leest
Schlänitzseer Weg
An der Wublitz
Wublitz
Wublitzstraße
L 902
Grube
Erlenbruchwald
Töplitz
Leester Straße
Neu-Töplitzer Straße
Mühlenberg
Havel
Phöben
Nattwerder
Erdelöcher Nattwerder
An der Havel
Kleiner Zernsee
Mühlendamm
L 90
Jachthafen
Wolfsbruch
1
2
3
4
5
6

Entspannung ★★★★★
Genuss ★★★★☆
Romantik ★★★★☆

WIE & WANN:
Die Tour verläuft vorwiegend auf Nebenstraßen und Wegen mit festem Untergrund wie Asphalt, Beton und Schotter. Kurze Stücke auf Naturwegen. Insgesamt gut befahrbar, breite Reifen sind empfohlen. Der Abschnitt zum Schlänitzsee kann ausgelassen werden, wenn der Weg zu sandig ist. Ganzjährig befahrbar, mit den längeren schattigen Abschnitten und der Badestelle auch prima für sonnige Tage geeignet.

HIN & WEG:
Auto: Parkmöglichkeiten an der Wublitzstraße in Grube (GPS: 52.432683, 12.954096)
ÖPNV: Keine direkte Anbindung an die Strecke. Der nächste Bahnhof in Golm ist 4 Kilometer entfernt, von dort Bahnverbindungen nach Oranienburg, Potsdam und Berlin.

ESSEN & ENTSPANNEN:
Mohrs Herzl Chalet ❸ Kirschweg 1, 14542 Werder (Havel), Tel. (03 32 02) 70 04 80, www.mohrs-herzl-chalet.de

ENTDECKEN & ERLEBEN:
Nattwerder ❶ **Wasserbüffel** ❷ **Badestelle Töplitz** ❹
Weingut Klosterhof Töplitz ❺ Am Alten Weinberg 7, 14542 Werder (Havel) OT Töplitz, Tel. (03 32 02) 6 18 41, www.weingut-toeplitz.de **Göttiner Erdelöcher** ❻

- 34 Kilometer
- 80 Höhenmeter
- 3 Stunden
- Rundtour

Feldsteinkirche Spaatz

Stille und Sterne

In den Gülper Havelauen

Unsere Tour beginnt in Rhinow, einer kleinen Stadt am östlichen Ende des Gülper Sees, deren Name vom Flüsschen Rhin stammt, das hier in den Gülper See und weiter in die Havel fließt. Ein guter Startpunkt ist die **Straße am Friedhof.** Wir radeln die **Rathenower Straße B102** entlang nach Westen, gelangen nach 450 Metern an eine Straßengabelung und folgen rechts der **Werner-Seelenbinder-Straße** in Richtung Wolsier/Prietzen. Kurz danach verlassen wir Rhinow, fahren vom Ortsschild aus immer weiter geradeaus und gelangen nach 900 Metern in einen schönen Mischwald.

Für 2 Kilometer radeln wir nun entspannt durch diesen Wald, bis uns das **Dorf Prietzen** begrüßt. Wir umkreisen die orange leuchtende Dorfkirche mit ihrem schlanken Turm, fahren zwischen zwei Backsteinscheunen hindurch und biegen am Ortsausgang rechts in die einspurige Straße **An der Mühle** ab. Der Name ist Programm: Nach 300 Metern steht rechts am Waldrand die **Bockwindmühle** ❶ aus dem Jahr 1773. Unter dem Hebelarm, mit dem die Mühle früher in den Wind gedreht werden konnte, lädt uns ein Holztisch mit Bänken zu einer Pause ein.

Ab hier radeln wir nun in unmittelbarer Nähe zum **Gülper See;** nur durch einen Waldstreifen getrennt, verläuft auch ein Wanderweg. An einigen Stellen sind Aussichtspunkte eingerichtet; wir stellen das Rad kurz ab und gehen die wenigen Meter dorthin, um innezuhalten, auf den See zu schauen und die Vögel zu beobachten. Eine Brise trägt die Geräusche der Vögel zu uns, die dort am Ufer nisten und rasten. Am Horizont

*Das **Naturschutzgebiet Gülper See** besitzt eine reichhaltige Flora und Fauna. Hier lassen sich Brutvögel, Watvögel und der Seeadler blicken; auf der Durchreise rasten Zehntausende Zugvögel. Der See ist naturbelassen und darf nicht mit Booten befahren werden.*

erkennen wir unter den umliegenden Dörfern auch Prietzen mit seinem Kirchturm.

Gut 3,5 Kilometer nach der Bockwindmühle erreichen wir das liebliche Dörfchen **Gülpe,** den Namensgeber des Gülper Sees. Am Ortseingang biegen wir rechts auf die Vorfahrtstraße ab und fahren in das Dorf hinein. Nach 300 Metern gelangen wir zu einer Weggabelung mit einem Parkplatzhinweisschild, fahren rechts auf der Gülper Hauptstraße weiter und stehen unmittelbar danach vor der **Kirche,** um die sich hübsche Häuser gruppieren. Wir umkreisen die Kirche und können nach dem letzten Haus noch am Kirchplatz rechts zum **Biwakplatz** ❷ gehen. Hier dürfen Kanufahrer für eine Nacht zelten, es gibt einen Zugang zu einem Havelarm und Holztische und Bänke geben uns die Möglichkeit zum Verweilen, Entspannen und Genießen.

Zurück auf der Hauptstraße, biegen wir nun an der Weggabelung mit dem Parkplatzhinweisschild rechts ab, folgen der Straße für 300 Meter und gelangen zu einer kleinen Brücke mit Blick auf die **Gülper Havel** und die vor uns liegende, von Havelarmen umflossene

Für die Seele

Umarmt von der Havel und dem Vogelparadies Gülper See radeln wir in der Einsamkeit der Havelauen entlang der Gülper Havel.

Halbinsel. Ein traumhaftes Fleckchen! Wir nutzen den befestigten Schotterweg, um in Richtung des einzigen Gebäudes hier – der ökologischen Station der Universität Potsdam – zu radeln. Etwa 800 Meter hinter der Brücke, an der Gabelung vor dem Gebäude, führt uns der rechts liegende Weg zu der idyllischen, kleinen **Badestelle Hünemörder** ③ am Wasser, wo wir uns ins Gras setzen, die Beine erfrischen und der Havel beim Fließen zusehen können.

Wir verabschieden uns von diesem besonderen Ort und radeln denselben Weg zurück zur Brücke. 250 Meter dahinter biegen wir rechts in die **Mittelstraße** – eine kurze Einbahnstraße – ein, das vor uns liegende Haus mit dem Schild „Gasthaus zur Havel" umrunden wir links auf einem Pflasterweg.

Nun führt uns die Pareyer Straße aus Gülpe heraus, der Straßenbelag wechselt von Pflaster zu Platten. Auf der rechten Seite sehen wir einen Wohnmobilstellplatz vom **WHAT – dem Westhavelländischen Astrotreff.**

Am Dorfende empfangen uns bald wieder die Weiten der Havelauen, auf der rechten Seite begleitet uns der Haveldeich. Der Plattenweg verläuft nun geradeaus. Nach 3 Kilometern wandelt sich der Deich zu einer kleinen Anhöhe, ein Fußpfad führt hinauf zu einer **Bank,** von der wir einen herrlichen Blick in die Weite haben. Hier in den Havelauen sind wir in einer der stillsten Ecken des Havellands und können ganz ungestört die Ruhe genießen. Nach unserer Pause kommen wir nach 500 Metern zu einer Baumgruppe, der Weg

!

Das Gebiet der Havelauen ist so dünn besiedelt, dass in der Nacht kaum Lichtverschmutzung den ***Sternenhimmel*** *trübt – die Orte Gülpe und Parey gelten als die dunkelsten Orte Deutschlands und sind ein Geheimtipp für Sternbeobachter.*

führt uns linker Hand um diese herum, bevor wir auf einer schattigen Allee weiterradeln.

Nach 1 Kilometer mündet diese in eine Straße. Links geht es nach Wolsier, wir halten uns aber rechts und folgen der Straße einen weiteren Kilometer nach **Parey,** dessen imposante Kirche die Häuser überragt. Parey ist slawischen Ursprungs (der Name bedeutet „Siedlung am Strom") und hat etwa 30 Häuser. Unser Weg führt uns direkt zur **Kirche Parey,** die 1840 nach einem Brand des Vorgängerbaus neu errichtet wurde. Parey hat zwar nur 75 Einwohner, aber im Sommer verdoppelt sich die Zahl durch die Sommergäste einer kleinen Bungalowsiedlung auf 150. Seit 2016 gibt es in Parey zudem die solidarische Landwirtschaft Auenhof, die auf gepachteten Feldern Gemüse anbaut und bis nach Berlin liefert.

Bevor wir unseren Weg Richtung Hohennauen fortsetzen, biegen wir vor der Kirche rechts auf den Kreuzbergweg ab und machen einen kleinen Abstecher in die 750 Meter entfernt liegende **Siedlung Kreuzberg,** wo uns die kleine **Badestelle Parey/Kreuzberg** ❹ an der Havel erwartet. Eingebettet zwischen Bäumen und mit einer Sitzbank versehen, genießen wir den Blick auf das Wasser und das gegenüberliegende Ufer.

Nach unserer Pause an der Havel kehren wir um, halten uns an der Kirche von Parey nun rechts und folgen der Straße, die jetzt zweispurig wird. Zunächst geht es durch Felder, dann ist die Straße von Bäumen gesäumt, die uns wohltuenden Schatten spenden. Rechts – für uns noch nicht sichtbar – fließt die Havel. 2,5 Kilometer hinter der Kirche von Parey sehen wir zunächst rechts ein **Vogelbeobachtungshaus,** dann gelangen wir zu einer **Naturbadestelle Hohennauen-Havelknick** unter Bäumen an der Havel, deren Ufer in einem Bogen zu uns führt. Der idyllische Platz lockt noch einmal zu einer Abkühlung.

Gegenüber der Naturbadestelle biegen wir in die Straße nach Spaatz ein, sie bringt uns wieder nach

Norden. Zunächst geht es für 3 Kilometer teils asphaltiert, teils auf einem glatten, gut befahrbaren Steinplattenweg weiter. Bäume und Buschwerk an der Straße verschwinden und geben wieder den Blick auf die weite Landschaft frei. An der Abzweigung fahren wir rechts nach **Spaatz,** welches wir nach weiteren 1,2 Kilometern erreichen. Wir biegen links in die Hauptstraße ein und radeln ein kurzes Stück bis zur nahe gelegenen **Dorfkirche Spaatz ⑤,** die tagsüber besichtigt werden kann.

Wenn wir den Kirchgarten wieder verlassen haben, halten wir uns links und folgen der Straße Richtung **Friedhof am Wald.** Zum Abschluss radeln wir 4,2 Kilometer durch Felder und duftende Nadelholzwälder und können noch einmal Weite und Einsamkeit auf uns wirken lassen, bevor wir wieder zu der Straße gelangen, die uns rechts nach Rhinow und auf demselben Weg wie bei der Hinfahrt zu unserem Ausgangspunkt führt.

*Die Dorfkirche in Spaatz aus dem 13. Jahrhundert ist eine der ältesten **Feldsteinkirchen** in Brandenburg. Feldsteine sind durch die Gletscher der Eiszeit rund geschmirgelte Gesteinsbrocken und waren früher ein beliebtes Baumaterial. Auch das Kircheninnere ist sehenswert.*

Blick auf Parey

Bei der Badestelle Parey/Kreuzberg

L 17
Strodehne
Rhinow
Rhin
Gülper See
Falkenb
Lüttch
102
K 6331
Prietzen
Gülpe
K 6326
Kienberg
Gülper Havel
Wolsier
K 6331
Spaatz
Kossäth
Havel
Mühlengraben
Großer Graben
Molkenberg
Untere Havel Nord
Spaatzer Bruch
Pareyer Bruch
Hohennauensches Bruch
Neumolkenberg
K 6323
Parey
Schollene
Pareyer Straße
Rohrwerder
Hohennaue
Drawiswiesen
L 18
Grütz
Neu-Schollene
Mühlberg
Muhberg
K 6321

Entspannung ✱✱✱✱✱
Genuss ✱✱✱✱✱
Romantik ✱✱✱✱✱

WIE & WANN:
Wenig befahrene Straßen und Plattenwege; ganzjährig befahrbar. Einzelne Abschnitte der Plattenwege – speziell zwischen Gülpe und Parey – sind etwas holprig. Im Hochsommer auf Sonnenschutz achten.

HIN & WEG:
Auto: Parkplatz am Friedhof, Schulstraße, 14728 Rhinow (GPS: 52.749815, 12.341166)
ÖPNV: Keine direkte Anbindung an die Strecke

ESSEN & ENTSPANNEN:
Bitte an Verpflegung für unterwegs denken!

ENTDECKEN & ERLEBEN:
Bockwindmühle ❶
Biwakplatz Gülper Havel ❷
Badestelle Hünemörder ❸
Badestelle Parey/Kreuzberg ❹
Dorfkirche Spaatz ❺ Spaatzer Hauptstraße 15, 14715 Havelaue

Stadtgraben in Havelberg mit Blick auf den Dom

- 42 Kilometer
- 80 Höhenmeter
- 4 Stunden
- Rundtour

In den Auen

An Dosse und Havel nach Havelberg

Unsere Tour beginnt in Strodehne, einem kleinen Dorf nördlich des Gülper Sees. Wir starten an der Kirche am Parkplatz, vor uns liegt der **Gasthof Stadt Berlin** ①. Bevor wir den Ort verlassen, um in die Weiten der Landschaft einzutauchen, machen wir noch einen Abstecher zur Havel und zur Badestelle. Zwischen Kirche und Gasthof Stadt Berlin führt ein Pfad hinab; links sehen wir die Terrasse von Haus Berlin und dahinter die Bootsanleger. Wir fahren rechts auf der kleinen **Straße am Ufer** und kommen zu einem **Anger** mit hübschen Häusern. Vor dem Anger geht die Straße links ab, und wir kommen zur **Badestelle** ② mit Sandstrand. Wir können jetzt die Tour mit einer Erfrischung starten, auf dem Rückweg in die Havel eintauchen oder uns beides vornehmen! Die Straße führt an der Badestelle vorbei im Bogen um Strodehne herum und trifft dann wieder auf die Dorfstraße. Wir biegen links ab, fahren bei der einmündenden Vorfahrtstraße geradeaus weiter und erreichen bald den Ortsausgang. Beiderseits der Straße reichen die Felder bis zum Horizont, auf der linken Seite glitzern die Wassergräben im Sonnenlicht.

500 Meter nach dem Ortsausgang zweigen wir links auf einen mit Baum- und Buschwerk besäumten Wirtschaftsweg ab, der uns nach 700 Metern durch den bäuerlichen Weiler **Scheunstelle** führt.

Wir folgen dem Weg und gelangen so 1 Kilometer später automatisch auf den **Deich.** Mit unserer leicht erhabenen Position schweben wir durch die flache Landschaft. Keine Siedlung stört das unverfälschte Natur-

Strodehne *liegt im Sternenpark Westhavelland an einem Nebenarm der Havel. Es ist bei Künstlern und Feriengästen beliebt. Die südlich von Strodehne am Gülper See liegende Fischerei Schröder und das Angebot von Ferienzimmern vor Ort laden auch zu einem mehrtägigen Besuch ein.*

Entspannte Badepause in Strohdehne

erlebnis. Stille, Land und Feld bis zum Horizont entspannen unsere Sinne. Links von uns erstrecken sich die Auenwiesen des Westhavellandes. Noch 1 Kilometer, und wir passieren ein kleines **Schleusenhäuschen,** das den Wasserzulauf der hier durchfließenden Alten Dosse reguliert. Der nun folgende Abschnitt ist geprägt durch Entwässerungsgräben, im Frühjahr stehen die Wiesen teilweise unter Wasser und sind bevölkert von Vogelschwärmen.

Schließlich gelangen wir nach 700 Metern auf eine Brücke und überqueren die **Dosse,** die wir nun auf ihrem letzten Abschnitt begleiten werden, bevor sie sich mit der Havel vereint.

Es folgt ein Plattenweg, der weniger angenehm zu fahren ist. Zum Glück kann man schon nach 700 Metern rechts den Deich verlassen und auf einem Feldweg parallel zu diesem fahren. Zurück auf dem Deich, wird auch der Weg wieder besser. Nach der Fahrt über den holprigen Plattenweg besänftigt die Landschaft umso mehr. Warum eilen? Gemütlich rollen die Reifen und entspannt kommen wir nach 2 Kilometern durch die Siedlung **Wendisch Kirchhof.** Boote liegen am Ufer und was die können, können wir auch – machen wir es uns für einen Moment auf einer Picknickdecke

Für die Seele

Auf einsamen Wegen durch die Niederungen und Auen von Dosse und Havel radeln wir durch romantische Dörfer hinauf zum Dom von Havelberg.

bequem. Hier endet der Lauf der Dosse und wir sehen die Havel wieder, an deren Ufer wir in Strodehne gestartet sind.

Zurück im Sattel, fahren wir etwa 1 Kilometer in einem Halbkreis an einem Altarm um die **Drosselinsel** herum, bis wir in **Vehlgast** landen – einem idyllischen Dörfchen. Wir nehmen uns die Zeit für einen kleinen Besuch und radeln hinein, an der Kirche vorbei bis zum Ende Straße, wo sich ein Picknickplatz befindet. Eine perfekte Stelle für einen Moment des Durchatmens, mit einem Blick auf Havel und Drosselinsel.

Nun geht's zurück zum Dorfausgang, und wir fahren auf die asphaltierte Straße, die von Bäumen flankiert wird. Vor uns liegt **Klein-Damerow.** Wer mit der Regionalbahn anreisen möchte, kann auch hier in die Tour einsteigen. Nach 2,5 Kilometern biegen wir noch vor Klein-Damerow links auf einen **Wirtschaftsweg** ab. Der hier beginnende Plattenweg lässt sich gut fahren, und er führt uns immer weiter hinein in das Naturschutzgebiet Stremel.

*Das **Naturschutzgebiet Stremel** ist ein 362 Hektar großes Feuchtgebiet und wird durchzogen von Wasserflächen und Altarmen der Havel. Viele Vogelarten sind hier beheimatet, wie Graugans, Rohrweihe und Krickente. Zudem rasten auch Zugvögel wie Kraniche.*

Nach 2,4 Kilometern überqueren wir den Fluss **Neue Jäglitz** und finden direkt hinter der Brücke ein **Vogelbeobachtungshaus ③,** von dem aus wir das bunte Treiben der Federtiere genauer in Augenschein nehmen können.

Der Weg führt uns nun an einen Wald heran. Schattig radelt es sich, bis wir nach 4 Kilometern **Wöplitz,** einen Vorort der Hansestadt Havelberg, erreichen.

Rechts am Ortseingang erblicken wir Koppeln für Pferde und Kühe. Warme, weiche Pferdenüstern schnuppern und schnauben uns neugierig entgegen.

Wir fahren auf eine Gabelung zu **(Fahrradknotenpunkt 34)** und sehen rechts eine **Holzskulptur,** die die Sage vom **Bischof Woepelitz** erzählt. Wir fahren links. An uns ziehen Einfamilienhäuser vorbei, und nach und nach steigt rechts ein Hang an. Die Straße, auf der wir radeln, hört auf den erwartungsvollen Namen **Weinberg,** und tatsächlich wurden an den Hängen früher Weinreben angebaut, um für Messwein im Havelberger Dom zu sorgen. Einen Sommelier dürften die Traubensäfte aber wohl schwerlich begeistert haben, denn „Märkerwein geht allewege durch die Kehle wie 'ne Säge!", klärt uns ein Infotäfelchen am Wegesrand auf.

Mitten aus der Natur tauchen plötzlich kleine Häuser auf, wir sind in **Havelberg** gelandet. Ein – gut befahrbarer – Pflasterweg führt uns weiter in den Ort. Rechts am Hang blinzeln zweistöckige Backstein- und Fachwerkhäuser nach Süden in die Sonne, links schimmert immer wieder die Havel hinauf. An der Weggabelung vor dem orange leuchtenden Backsteinhaus biegen wir rechts auf die **Flethe** genannte Straße ab; wir wollen einen Abstecher zum Dom machen, der weiter oben auf dem Hang liegt. Es sind nur 700 Meter, und oben angekommen, sehen wir rechts den hohen, schlanken **Wasserturm.** Wir radeln links in die Straße **Müllertor** hinein, die als **Domherrenstraße** weiterläuft. In der Domherrenstraße Nr. 8 finden wir das kunterbunte **Café D8** ④ in unmittelbarer Nähe zum Dom. Wir können nach dem Besuch des Doms hier im Garten sitzen und Pause machen, jetzt geht's aber weiter zum **Havelberger Dom** ⑤, der sich ein paar Meter weiter links wuchtig erhebt.

*Der evangelische **Dom St. Marien** von Havelberg ist zur Christianisierung der hier ansässigen Westslawen gegründet worden. Neben der dreischiffigen Basilika sind im Inneren der Hochaltar, das Eichengestühl, die Kanzel und die Orgel sehenswert.*

Der Dom liegt direkt an einem Abhang und bietet eine wunderbare Sicht auf die von der Havel umflossene Altstadtinsel.

Vor dem Dom stehen zwei Männer; es sind **Bronzeskulpturen** von Preußenkönig Friedrich Wilhelm I. und Zar Peter I., die hier in Havelberg anno 1716 die Allianz im Krieg gegen Schweden schmiedeten und

Innenhof Havelberger Dom

Altstadtimpression von der Stadtinsel Havelberg

sich dabei reichlich beschenkten: Zar Peter bekam das sagenumwobene Bernsteinzimmer, Friedrich Wilhelm erhielt im Gegenzug 200 Lange Kerls.

Die Besichtigung des Doms ist wirklich zu empfehlen! Nach dem Besuch können wir noch ein paar Meter weiter am Hang entlang zum kleinen Klostergarten schlendern und uns danach im Café D8 verwöhnen lassen.

Nun statten wir noch der Altstadt einen Besuch ab. Wir fahren die **Domherrenstraße** weiter, biegen am Ende rechts und dann an der Vorfahrtstraße links ab. An der folgenden Ampel dann links, und es geht hinunter, den Hang hinab.

An der Brücke über den Stadtgraben wechseln wir auf die linke Seite, denn dort hat man einen wunderbaren Blick auf den Dom. Hier biegen wir gleich auf der Insel links in die Straße **Stadtgraben** ein und fahren bis zur nächsten Brücke. Auch hier am Stadtgraben ergeben sich immer wieder schöne Blicke auf den Dom. An der Brücke fahren wir in die **Domstraße.**

Das Einbahnstraßensystem führt einen automatisch durch fast alle Gassen, und das Kopfsteinpflaster sorgt dafür, dass sich die Eindrücke tief und bleibend in Leib und Seele einmassieren. Wir sehen das mit lachenden Augen, denn am Markt wartet das wundervolle **Bilderbuchcafé** ❻ auf uns.

Vom Markt aus leitet uns dann das Einbahnsystem durch die **Scabellstraße** und **Fischerstraße** auf die **Lange Straße,** die uns zur Brücke über die Havel führt. Vor der Brücke können wir noch einen Schlenker nach links in die Mühlenstraße machen, wo die gotische Backsteinkirche St. Laurentius auf uns wartet.

Zurück auf der Lange Straße, überqueren wir am **Pegelhaus** die Havel und biegen direkt nach der Brücke links in die **Rathenower Straße** ein, die sich im weiteren Verlauf L2 nennt.

Linker Hand fahren wir auf den straßenbegleitenden Radweg. Wir folgen der Straße, bis der Radweg die

Havelauen im Frühjahr beim Vogelbeobachtungsstand

Straßenseite wechselt. Dann radeln wir 1 Kilometer weiter, bis eine kleine Brücke über einen Kanal führt. Rechts der Straße erstrecken sich vor allem im Frühjahr Feuchtgebiete und Wasserflächen, links fließt die Havel in ausgedehnten Auen und Armen. Ein weiterer Kilometer und wir können auf der linken Seite zu einem **Vogelbeobachtungshaus 7** gehen.

Hier darf das Fernglas zeigen, dass es nicht umsonst mitreist. Beim Blick auf die gegenüberliegende Flussseite können wir mit dem Lauf der Havel auch unsere eigene kleine Tour nacherzählen: Rechts schimmert das unergründliche Geflecht der Wasseradern des Stremel, direkt gegenüber das Dorf Wöplitz und links schließlich das vom Dom gekrönte Havelberg. Und in den Weiten der Auen vor uns stolzieren Kraniche unter Myriaden anderer Vögel.

Auf unserer Tour geht es nun weiter, nach 2 Kilometern durchfahren wir den Ort **Jederitz,** und nach weiteren 2,5 Kilometern zweigen wir mit unserem Radweg links von der Verkehrsstraße L2 ab. Dieser Radweg entfernt sich von der Verkehrsstraße und verläuft ruhig zwischen Feldern. Nach 2 Kilometern kommen wir in das auf eine wendische Siedlung zurückgehende Dorf **Kuhlhausen.**

Der grüne Richtungspfeil führt unseren Weg geschickt links um den hübschen Ort herum und auf einen kleinen Deich. Bei dem **Aussichtsturm** fahren wir links am Karpfenteich vorbei. Im Frühjahr hat man von diesem Turm einen tollen Blick über die von Wasser überfluteten und von Vögeln besiedelten Wiesen.

Für die nächsten 2 Kilometer schlängelt sich unser Radweg mal näher, mal weiter entfernt von der Verkehrsstraße, bis wir auf die quer von uns verlaufende L17 treffen.

Wir biegen links auf die **L17** ab und fahren für 1,8 Kilometer, bis wir mit der **Havelbrücke** die Flussseite wechseln. Strodehne, wo wir unsere Tour begannen, liegt nun wieder vor uns. Es sind nur noch 900 Meter, bis wir rechts in die **Dorfstraße** einbiegen, die uns wieder zurück zum **Parkplatz an der Kirche** führt.

Und nun ist es Zeit, den Tag ausklingen zu lassen – wir können das in der Gasthof Stadt Berlin direkt beim Parkplatz tun oder noch 1,5 Kilometer zum **Fischer Schröder** **8** fahren. Auf Gartenstühlen mit gehäkelten Kissen sitzt man dort urig und gemütlich auf der Wiese am Fluss Rhin, der hier vom Gülper See kommend in die Havel fließt. Auf den Tisch kommt, was das Wasser hergibt – geräucherte und gebratene Fische, dazu Salate und natürlich auch Kaffee und Kuchen.

Vogelschwärme bei Kuhlhausen im Frühjahr

Havelberg
Wöplitz
Klein-Damerow
Damerow
Vehlgast
Kuhlhausen
Strodehne
Jederitz
Sandau (Elbe)
Neukamern
Wulkau
Jederitzer Holz
Stremel
Havel
Dosse
Alte Dosse
Neue Jäglitz
Vorflutgraben
Trübengraben
Pierengraben
Rütschgraben
Graben Sandau-Wulkau
Schleusenkanal Garz
Havelberger Straße
K 1025
K 1024
L 2
L 3
L 4
L 17
L 18
107
P
1
2
3
4
5
6
7
8

Entspannung ✱✱✱✱✱
Genuss ✱✱✱✱
Romantik ✱✱✱

WIE & WANN:
Weitgehend befestigte Wege. Nur einzelne Abschnitte schattig, im Hochsommer an sonnigen Tagen für Sonnenschutz sorgen. Im Frühjahr und Herbst besonders schön zur Vogelbeobachtung.

HIN & WEG:
Auto: Parkplatz an der Kirche in Strodehne (GPS: 52.761772, 12.224320)
ÖPNV: Keine direkte Anbindung an die Strecke. Regionalbahnhöfe in Tournähe sind Glöwen (Entfernung: 9 Kilometer mit Toureinstieg in Havelberg) und Breddin (Entfernung: 8,5 Kilometer mit Toureinstieg bei Klein-Damerow). Von dort Bahnverbindungen nach Wismar und Berlin

ESSEN & ENTSPANNEN:
Gute Einkehrmöglichkeiten gibt es in Strodehne und in Havelberg.

Gasthof Stadt Berlin ❶ Backofenberg 14, 14715 Havelaue, Tel. (03 38 75) 3 07 21, www.gasthof-heinrich.de
Café D8 ❹ Domherrnstraße 8, 39539 Havelberg, Tel. (03 93 87) 7 92 33, www.domherrn8.de
Bilderbuchcafé ❻ Markt 7, 39539 Havelberg, Tel. (03 93 87) 59 25 55, www.dasbilderbuchcafe.de
Fischerei Schröder ❽ Gahlberg 2, 14715 Havelaue, Tel. (03 38 75) 3 07 37, www.fischerei-schroeder.eu

ENTDECKEN & ERLEBEN:
Badestelle Strodehne ❷ Seitenbeutel, 14715 Havelaue
Vogelbeobachtungshaus ❸
Havelberger Dom ❺ Domplatz 3, 39539 Havelberg, Tel. (03 93 87) 7 91 04, www.havelberg-dom.de
Vogelbeobachtungshaus ❼

- 45 Kilometer
- 130 Höhenmeter
- 4,5 Stunden
- Rundtour

Rinder im Grünland des Luchs

Trappen und Dörfer

Durch das Havelländische Luch

Unsere Tour startet am **Bahnhof Nennhausen.** Wir radeln auf die Straße **Am Bahnhof** und fahren rechts Richtung Osten die Gleise entlang. Hinter dem Parkplatz gelangen wir auf einen schmalen asphaltierten Radweg, der sich nach 250 Metern als kleine Straße fortsetzt. Nach weiteren 250 Metern kommen wir auf die Vorfahrtstraße **Buckower Straße,** in die wir rechts einbiegen.

Rasch sind wir aus Nennhausen heraus und fahren nun auf einer ruhigen zweispurigen Asphaltstraße zwischen Feldern Richtung Buckow, bis wir nach 1,3 Kilometern zu einer Eisenbahnbrücke kommen, die wir überqueren. Von hier oben haben wir einen weiten Blick über das Land; links und rechts erstrecken sich die Flächen des Havelländischen Luchs und vor uns am Horizont erkennen wir Buckow.

Kurz vor Buckow fahren wir auf den Parkplatz der **Großtrappen-Station** 1. In einiger Entfernung sehen wir die eingezäunten Schutzgebiete der seltenen Großtrappe, und mit einem guten Fernglas und etwas Glück lassen sich die Tiere beobachten.

Wir gelangen nach **Buckow,** dessen Bauernhäuser und -scheunen deutlich überragt werden von der **Wallfahrtskirche** 2 mit einem mächtigen quadratischen Turm. Auch Buckow war vor der Trockenlegung des Sumpfes nur über einen Damm erreichbar. Eine blutende Hostie sorgte seinerzeit für viele Pilger, und so wurde die Kirche zu einer Wallfahrtskirche ausgebaut, ein Lichtlein auf dem Turm wies den Reisenden den Weg.

*Die Niederungen des **Luchs** waren ursprünglich Moore, Sümpfe und Feuchtgebiete. Auf kleinen, trockenen Inselchen wurden die Dörfer gebaut und mit Dämmen verbunden. Erst Ende des 18. Jahrhunderts wurden dann die Sümpfe trockengelegt.*

*Die **Großtrappe** gehört mit bis zu 15 Kilogramm Gewicht zu den schwersten flugfähigen Vögeln. Sie ist in Deutschland vom Aussterben bedroht; auch dank des Schutzgebietes Havelländisches Luch konnte sich der Bestand zuletzt etwas erholen.*

Vogelbeobachtungsturm Buckow

Die Wallfahrtskirche ist tagsüber geöffnet, wir nutzen die Gelegenheit für eine Besichtigung. Interessant ist in der Kirche auch eine Infotafel, die die Landschaft vor der Trockenlegung zeigt.

Weiter geht's auf unserer Tour! Wir folgen der Vorfahrtstraße an der Kirche und kommen rasch wieder in die schiere Endlosigkeit des Luchs. Hinten am Horizont sehen wir einen Kirchturm aufragen – Garlitz kündigt sich an. Doch bevor wir Garlitz erreichen, biegen wir nach 1 Kilometer links in einen Schotterweg ein, der uns 1,4 Kilometer weit in das Luch zu einem **Vogelbeobachtungsturm** ❸ führt. Von hier aus haben wir einen tollen Panoramablick in die Weite der Landschaft, und wenn wir nicht das Glück haben, Großtrappen zu sehen, so genießen wir den Moment in der Natur.

Nach dem Besuch des Beobachtungsturms fahren wir zurück und wieder links auf die Straße in Richtung **Garlitz.** Kühe blicken uns von den Wiesen an; auch Garlitz ist ein Bauerndorf. In Garlitz biegt die Vorfahrtstraße einmal nach rechts, dann wieder links ab. In dem rechts von uns liegenden Dorfanger liegen

*Es gibt einen einstündigen **Pilgerweg,** der die entbehrungsreiche Geschichte des Luchs erlebbar macht. Der Fußweg beginnt und endet bei der Kirche. Als Lektüre unbedingt zu empfehlen ist der Flyer, der an der Kirche ausliegt.*

Für die Seele

Ursprüngliche Dörfer, seltene Großtrappen und die Unendlichkeit des ehemaligen Feuchtgebietes. Hier klären sich Gedanken und die Seele kann fliegen.

Dorfkirche und Bauerngüter. In Garlitz gibt es zudem einen Geschichtenweg, der anhand von Schautafeln die Schicksale und Lebenswege der Dorfgemeinschaft erzählt. Überhaupt ist es ein Anliegen der Garlitzer, Leben und Zukunft des Dorfes aktiv zu gestalten. Hierzu zählen neben nachhaltiger Naturpflege und Erhaltung des Charakters des Dorfbildes auch die besonderen Angebote für ältere und jüngere Mitbewohner. Nach dem Ausflug in die Geschichte von Garlitz fahren wir auf der **Garlitzer Dorfstraße** für 200 Meter weiter und biegen dann links in die **Straße Richtung Barnewitz** ab.

Wir fahren auf dieser ruhigen zweispurigen Verkehrsstraße für 3,5 Kilometer über die einsamen Felder am Südrand des Luchs. Dabei durchqueren wir ein paar Waldstreifen, und schließlich landen wir in **Barnewitz.** Wir kommen zu einer links der Straße liegenden Grünanlage und biegen vor dem kleinen weißen Haus halb links in die Straße ein. Hier befindet sich ein schattiger **Spielplatz** mit Sitzbänken; prima für eine kurze Pause und zum Beineausstrecken.

Unsere kleine Straße führt uns dann auf die größere **Brandenburger Straße,** in die wir links einbiegen. Die Route verläuft nun wieder nördlich; wir verlassen Barnewitz auf einem straßenbegleitenden Radweg. Nach 1,5 Kilometern passieren wir zunächst die kleine Häuseransammlung Buschow Ausbau, 1 Kilometer später erreichen wir **Buschow.**

In Buschow freuen wir uns an der Kirche über einen überdachten Picknicktisch und eine **große Wiese**

Dörfliche Romantik in Garlitz

mit Bänken im Schatten der Bäume. Der Eingang zum Gelände befindet sich auf der rechten Straßenseite bei der Bushaltestelle.

Hinter der Kirche passieren wir den **Knotenpunkt 92** und fahren auf dem linksseitig verlaufenden Radweg über die Brücke.

Wir müssen nun für 1,5 Kilometer auf der L99 bleiben, bis wir **Möthlow** erreichen, und links in die **Lieper Straße** Richtung Rathenow/Nennhausen einbiegen.

Nach 600 Metern biegen wir dann halb rechts in eine Straße Richtung Paulinenaue ab. Für 2 Kilometer geht es abwechslungsreich weiter, dann kommt ein Abzweig auf eine kleine Allee. Wir biegen links ab und sind nun auf dem **Havelland-Radweg.** An der Abzweigung findet sich auch eine **Infotafel** über das Havelländische Luch.

Die nächsten 4 Kilometer legen wir nun unbeschreiblich reizvoll auf einer Fahrradstraße mitten durch das Luch zurück. Zunächst geht es sanft hinab, die Bäume schwirren an uns vorbei und der Fahrtwind rauscht in den Ohren. Dann passieren wir auf einer kleinen Brücken Kanäle, und aus den Gräben am

Wegesrand sorgen Froschkonzerte für die musikalische Unterhaltung. Hier und da werden wir neugierig von Rindern betrachtet, die sich die Gräser des Grünlandes schmecken lassen.

Eine weitere Brücke führt uns über den Großen Havelländischen Hauptkanal, und schließlich leuchtet uns die gelbe Kirche von **Senzke** entgegen.

Links eine Backsteinscheune, rechts das Fachwerk des **Fintelmannhauses** ④ und vor uns die Kirche – es sind diese kleinen, beiläufigen Eindrücke von Bescheidenheit und Schönheit, die den Reiz des Havellandes ausmachen.

Hier vor der Kirche befindet sich auch der **Knotenpunkt 94.** Wir biegen links in Richtung Rathenow/Kriele ab und nehmen nach 200 Metern die Abzweigung links nach Kriele. Wir lassen Senzke hinter uns und fahren auf einem abwechslungsreichen Weg über Felder und teilweise unter Bäumen. Nach 2 Kilometern folgt eine überdachte Sitzbank mit einer Infotafel, und noch 1 Kilometer weiter erreichen wir **Kriele.**

*Das 300 Jahre alte **Fintelmannhaus** war einst das Haus der Familie Fintelmann, die als Gärtner für die Familie von Bredow und später für das Schloss Charlottenburg tätig war. Das Fachwerkhaus wird heute als Museum und für Ausstellungen genutzt.*

Das Fintelmannhaus in Senzke

Radlerdeko am Wegesrand in Kriele

Rechts am Wegesrand sehen wir ein witziges Arrangement von mit Blumen gefüllten strampelnden Hosen auf alten gelb lackierten Rädern.

In Kriele können wir in dem Gartenlokal **Kleine Kneipe** ⑤ Rast machen. Das Lokal lädt uns zu einer Auszeit ein, auf den Bänken vor dem Haus können wir kalte und warme Getränke, Kuchen und einen kleinen Imbiss zu uns zu nehmen.

Nach der Stärkung radeln wir auf der Straße weiter und biegen vor der Kirche links ab. Wir fahren 400 Meter und biegen dann rechts in eine Fahrradstraße ein. Hier geht es nun über die Felder, wir kreuzen erneut den Großen Havelländischen Hauptkanal und kommen dann in den Ort mit dem lustigen Namen **Kotzen.** Der Name stammt aus dem Slawischen und bedeutet wohl „Ort, wo haarige Pflanzen wachsen" – das regt unsere Fantasie nicht minder an.

Wir überqueren die Vorfahrtstraße und folgen unserem Weg in eine Linkskurve. Nach 500 Metern biegen wir rechts auf den Radweg ab. Bis zum nachfolgenden Ort Stechow können wir nun für 3,5 Kilometer auf einer malerischen Allee mit schönen Bäumen fahren.

Vor **Stechow** überqueren wir die Verkehrsstraße L188. Es geht geradeaus weiter an der Kirche und dem Sportplatz vorbei, dann folgen wir der Vorfahrtstraße und dem grünen Richtungspfeil in eine Linkskurve und kommen zum **Knotenpunkt 34.** Hier biegen wir links in die Nennhausener Straße ein und fahren südlich Richtung Nennhausen. Wir müssen nun nach 300 Metern noch einmal die L188 überqueren. Auf der anderen Seite radeln wir auf dem straßenbegleitenden Radweg weiter.

Es liegen noch einmal 3,5 Kilometer Wald vor uns, bis wir dann schließlich in Nennhausen, unserem Start- und Zielort, eintreffen. Wir biegen nach 500 Metern rechts in die Straße Fouqué-Platz ein und rollen auf das prächtige **Schloss Nennhausen** 6 mit dem Schlosspark zu. Im Schloss lebte der in Brandenburg an der Havel geborene Schriftsteller Friedrich Baron de la Motte Fouqué, der unter anderem das Werk „Undine“ schrieb. Eine Skulptur der Meerjungfrau Undine besuchen wir auf unserer Tour 13 – Auf Storchentour. Vor dem Schloss fahren wir links die Straße weiter und kommen zum Fouqué-Platz. Rechts sehen wir das 300 Jahre alte Gärtnerhaus.

Der Fouqué-Platz endet an der Hauptstraße vor der Kirche; hier fahren wir rechts.

Nach 200 Metern biegen wir schräg links in die Gartenstraße ein, dieser folgen wir noch 300 Meter und erreichen schließlich den Bahnhof Nennhausen.

*Das **Schloss Nennhausen** wurde im Jahr 1737 gebaut und gehörte der Adelsfamilie von Briest. Das Schloss befindet sich nunmehr im Privatbesitz, der angrenzende Schlosspark mit altem Baumbestand ist frei zugänglich.*

Sonnenuntergang im Havelländischen Luch

Kriele
Weinberg
Mühlenberg
Senzke
Ferchesar
Ferchesarer See
K 6314
K 6313
K 6315
K 6317
K 6312
188
5
Kotzen
Großer Havelländischer Hauptkanal
Pessin
Stechow
Retzow
L 982
L 991
L 99
Bauernberge
Rollberge
Möthlow
Nennhausen
Havelländisches Luch
Markgrafenberg
Naturschutzgebiet Gräninger See
Nennhausener Wiesen
Buschower Wiesen
Buschow
Garlitzer Wiesen
Bamme
L 98
Buckow
Großer Berg
Heineberg
Garlitz
K 6311
Barnewitz
L 911
K 6332

Alles auf einen Blick

Entspannung ★★★★☆

Genuss ★★★☆☆

Romantik ★★★☆☆

WIE & WANN:

Die Tour verläuft auf gut befahrbaren Nebenstraßen und Fahrradwegen mit asphaltiertem oder glatt gepflastertem Untergrund. Die Zufahrt zum Vogelbeobachtungsturm bei Garlitz ist ein Schotterweg. Zu jeder Jahreszeit befahrbar. An sonnigen und heißen Tagen sollte man die Mittagszeit anderweitig verbringen, da vor allem der erste Teil der Strecke keine Schatten spendenden Bäume hat. Da wir zum Teil auf Verkehrsstraßen fahren, bieten sich vor allem Wochenenden an. Wer im Frühjahr morgens unterwegs ist, hat Chancen, die Großtrappen bei der Balz zu beobachten.

HIN & WEG:

Auto: Parkplätze am Bahnhof Nennhausen (GPS: 52.599612, 12.503163)
ÖPNV: Bahnhof Nennhausen mit Bahnverbindungen nach Berlin und Rathenow

ESSEN & ENTSPANNEN:

Da die Tour kaum Einkehrmöglichkeiten bietet, empfiehlt sich die Mitnahme eines Picknickkorbs.

Kleine Kneipe Kriele ❺ Hauptstraße 10, 14715 Kotzen, Tel. (01 75) 2 51 41 83, www.kleine-kneipe-in-kriele.de (nur am Wochenende geöffnet!)

ENTDECKEN & ERLEBEN:

Großtrappen-Station ❶ Buckower Dorfstraße 34, 14715 Nennhausen
Buckower Wallfahrtskirche ❷ Dorfstraße 2, 14715 Nennhausen, www.wallfahrtskirche-buckow.com
Vogelbeobachtungsturm im Havelländischen Luch ❸ Einfahrt auf der L982 zwischen Buckow und Garlitz
Fintelmannhaus ❹ Schlossstraße, Ecke Luchweg, 14662 Mühlenberge, Tel. (03 32 38) 15 90 22, www.muehlenberge.de/tourismus/fintelmannhaus
Schloss Nennhausen und Schlosspark ❻ Fouqué-Platz 4, 14715 Nennhausen, www.schloss-nennhausen.de

- 45 Kilometer
- 150 Höhenmeter
- 4 Stunden
- Rundtour

Sieben-Brüder-Eiche bei Friesack

Hoch hinaus

Vom Rhinluch nach Stölln

Die Tour startet am Ortsende Friesack an der **Klessener Straße.** Wir folgen dem Rad-Wegweiser Richtung Bartschendorf und biegen in den **Plattenweg** ein. Schon bald sind wir in den Weiten des **Rhinluchs.**

Wir fahren zwischen landwirtschaftlich genutzten Feldern im Zickzackkurs und bleiben dabei stets auf dem Plattenweg. Bald werden wir begleitet von Entwässerungskanälen, die sich mal auf der einen, mal auf beiden Seiten des Weges erstrecken. Nach 1,6 Kilometern passieren wir den **Kleinen Havelländischen Hauptkanal,** den wir später noch einmal wiedersehen.

Nur manchmal kurz von Busch- und Baumbewuchs an den Kanälen unterbrochen, ist das Land hier topfeben und schenkt uns einen Blick von Horizont zu Horizont. Keine Siedlung, kein Mensch, nur der Fahrtwind, das Gesumme der Insekten und das Trompeten der Kraniche auf den Feldern. Die Einsamkeit der Landschaft bezaubert und entschädigt uns für die bisweilen rumpelige Beschaffenheit der Wege.

Nach 1,2 Kilometern folgen wir dem grünen Richtungspfeil und **biegen rechts ab.** Nach einem weiteren Zickzack kommen wir 1 Kilometer später auf einen quer verlaufenden Plattenweg, in den wir links einbiegen. Nach 1,7 Kilometern erscheint das Ortsschild **Michaelisbruch,** doch Häuser suchen wir vergeblich. Wir biegen rechts ab und erreichen den **Rhinkanal** sowie die **Karlemanns Brücke 1,** die uns hinüberführt. Die Brücke war Schauplatz des DDR-Jugendfilms „Karlemanns Brücke“, und so trägt sie nun diesen Namen.

*Das **Naturschutzgebiet Unteres Rhinluch** ist ein von Grünland, Seen und Flüssen geprägtes trockengelegtes Feuchtgebiet und wird von Kanälen durchzogen. Es beherbergt Otter und Biber, Kraniche, Gänse und Greifvögel. Namensgeber ist der Fluss Rhin.*

Arboretum Lüttgen Dreetz

Wir überqueren Karlemanns Brücke und sehen vor uns einzelne Wohnhäuser. Michaelisbruch hat keinen festen Ortskern, sondern besteht aus mehreren Ansammlungen von Gebäuden.

Wir fahren links auf einem gut befahrbaren Weg, die Schüttelmassage des Plattenweges ist vorerst beendet.

Es geht zunächst den Kanal entlang, dann nach einer leichten Rechtskurve weitgehend geradeaus. Links von uns erstrecken sich die Wiesen und Felder, rechts tauchen ab und an Häuser und Gehöfte auf. Nach 1,2 Kilometern kommen wir zu einer größeren **Reitsportanlage;** neugieriges Schnauben und Stampfen auf der linken, ein Gutshaus und Hallen dahinter auf der rechten Seite. Und in der einsamen Ferne das Glitzern der Kanäle und Feuchtwiesen.

Auf der nun vor uns liegenden Straße folgen wir dem grünen Richtungspfeil und fahren links; wir überqueren zum zweiten Mal den Rhinkanal und fahren rechts. Für 1 Kilometer dürfen wir uns noch einmal auf einem rauen Plattenweg massieren lassen, bis wir am **Knotenpunkt 66** nach rechts Richtung Dreetz abbiegen.

Für die Seele

Von den Weiten des Rhinluchs zum Gollenberg bei Stölln, wo einst Otto Lilienthal die Flugkunst entwickelte.

Kraniche im Rhinluch

Wir gleiten auf dem glatten Asphalt der Landstraße durch einen herrlichen, dichten Mischwald, Rehe springen über die Fahrbahn. Nach 800 Metern passieren wir zum dritten Mal den Rhinkanal – und nach einem weiteren Kilometer erblicken wir links mit Holzschindeln überdachte Infotafeln und eine Einfahrt, die uns in das **Arboretum Lüttgen Dreetz** ② führt.

Hierbei handelt es sich um einen Waldgarten mit über 100 verschiedenen Gewächsarten. Das Gelände ist weitläufig, bietet viele Ruhe- und Rastplätze sowie Streuobstwiesen zum Naschen – genau wie für uns gemacht! Picknicktasche auf den Tisch, ausruhen oder über das Gelände schlendern und vor allem: Waldluft atmen.

Zurück von der Pause auf unserer Straße fahren wir geradeaus bis zum Ort **Dreetz.** Backsteinscheunen, Kuhwiesen und Einfamilienhäuser prägen das Bild.

An der **Wilhelm-Pieck-Straße** biegen wir links ein Richtung **Giesenhorst,** bleiben auf der Vorfahrtstraße und verlassen Dreetz.

Bald begleiten uns beidseitig Entwässerungskanäle, die Straße verläuft als Damm leicht erhöht, um bei Hochwasser passierbar zu bleiben.

Nach etwa 2,5 Kilometern überqueren wir zum letzten Mal den Rhinkanal und 1 Kilometer später den Kleinen Havelländischen Hauptkanal.

Auf dem 109 Meter hohen ***Gollenberg*** *erprobte der Flugpionier Otto Lilienthal seine Fluggeräte, denn im Gegensatz zum Fliegerberg in Berlin konnte er hier Gleitflüge bis zu 250 Meter absolvieren. 1896 stürzte er ab und verstarb an seinen Verletzungen.*

Wir radeln 4 Kilometer weiter und passieren die kleinen Orte **Giesenhorst** und **Blumenaue.** Vor uns am Horizont erscheint eine Hügelkette des **Rhinower Ländchens,** dessen höchste Erhebung **Gollenberg** einst dem Flugpionier Otto Lilienthal für seine Erprobungsflüge diente.

Wir treffen auf die L17 und biegen rechts in **Richtung Rhinow/Stölln** ab. Die unaufdringliche Schönheit des Rhinluchs liegt nun hinter uns, wir tauschen sie ein gegen einen harmonischen Mischwald. Unsere Straße führt uns in leichtem Auf und Ab am Rand des Gollenbergs vorbei. Nach 1 Kilometer kommen wir zu einem Parkplatz, von wo aus Wanderer auf den Berg steigen können. Kurz darauf erreichen wir die Gemeinde **Stölln,** die sich voll und ganz der Fluggeschichte widmet. Gleich hinter dem Ortsbeginn biegen wir links ein

Der Rhinkanal im Rhinluch

Blick vom Gollenberg in das Rhinluch

und fahren den kleinen Anstieg hinauf, um die **Lady Agnes** ③ zu besichtigen. Das große Flugzeug steht hier frei auf dem Feld im hügeligen Gelände, als wäre es vom Himmel gefallen – ein faszinierender Anblick.

Im Flugzeug befindet sich eine Ausstellung zur zivilen Luftfahrt der DDR, am Ausstellungsgelände finden sich zudem Ladestationen für E-Bikes. Gleich nebenan liegt das **Restaurant Adrijano** ④, wo wir uns mit Speisen, Kaffee und Kuchen stärken können.

Von der Lady Agnes führt ein Fußweg zum 700 Meter entfernten Gipfel des Gollenbergs, wo sich das **Otto-Lilienthal-Denkmal** ⑤ befindet. Von hier aus beeindruckt uns auch die herrliche Aussicht in das Land.

Die Wiese bei der Lady Agnes wird immer noch als Start- und Landebahn genutzt – Stölln beansprucht somit den Titel, den ältesten Flugplatz der Welt zu besitzen. Die ersten Flugversuche führte Lilienthal in **Derwitz** bei Werder durch – dort liegt also der erste Flugplatz der Welt. Die Tour 6 – Panoramatour führt uns an diesem Ort vorbei.

*In Gedenken an **Otto Lilienthal** landete im Herbst 1989 eine ausrangierte Passagiermaschine in einem spektakulären Flugmanöver auf dem Acker am Gollenberg. Sie beinhaltet heute ein Standesamt und ein Museum zur Fluggeschichte in der DDR.*

Gleitflug-Apparat im Lilienthal-Centrum

Das ***Lilienthal-Centrum*** *informiert über das Leben des Flugpioniers und die Entwicklung der Fluggeschichte. Neben den von Lilienthal entwickelten Gleitflugzeugen findet sich auch eine Dokumentation über weitere Erfindungen von Otto und Gustav Lilienthal.*

Wir rollen den Abhang wieder hinunter zur L17 und biegen links ab. Am **Knotenpunkt 75** folgen wir zunächst noch kurz der Vorfahrtstraße, die uns zum **Lilienthal-Centrum** **6** führt. Ein ausrangierter kleiner Agrarflieger steht fotogen am Eingang. Die sehenswerte Ausstellung informiert über das Leben und die Fluggeräte Lilienthals.

Wir fahren wieder zurück zum **Knotenpunkt 75,** und hier biegen wir halb rechts in die **Apfelallee** Richtung Schönholtz ein. Der Weg führt uns leicht bergauf und wir bekommen noch einmal einen schönen Blick auf die Lady Agnes geschenkt, die links von uns auf dem Hügel liegt. Kurz danach verlassen wir die Ortschaft Stölln.

Was für ein Gegensatz zum schüchternen Charme des Rhinluchs! Die angenehm befahrbare Straße schlängelt sich durch die wunderbare Landschaft. Felder und Wälder wetteifern um Aufmerksamkeit und die kleinen Erhebungen führen zu stets neuen Perspektiven.

Etwa 2,5 Kilometer hinter dem Ortsausgang Stölln gabelt sich die Straße, wir fahren links Richtung **Schönholz/Witzke.**

In **Schönholz-Neuwerder** biegen wir an der Vorfahrtstraße rechts ab und gleich an der nächsten Straße halten wir uns links. Schnell sind wir wieder aus Schönholz raus, radeln über Felder und dann lange an einem Waldstreifen entlang. Nach 1,8 Kilometern fahren wir rechts und bleiben am Waldstreifen. 1,3 Kilometer weiter kommen wir zum **Knotenpunkt 83** und fahren geradeaus.

Unsere kleine Straße verläuft einsam in der Natur. Links in der Ferne zeichnen sich Hügelketten ab, rechts von uns erstrecken sich die weiten Flächen der Niederungen. Nach 4,5 Kilometern zweigt rechts ein Plattenweg ab, wir aber folgen unserer Straße links

Lilienthal-Centrum in Stölln

Fachwerkkirche in Görne

und erblicken nach 1 Kilometer das hübsche Dorf **Görne.**

Görne liegt auf einem Ländchen und war schon lange vor Trockenlegung des Luchs besiedelt. Fachwerk- und Backsteinhäuser links und rechts, von vorne nähert sich die **Fachwerkkirche Görne** **7** mit breitem Holzturm.

Der Förderverein der Kirche kümmert sich neben deren Erhaltung auch um die geschichtliche Aufarbeitung. An der Fassade der Kirche ist eine Dokumentation zum Lager-(Un)wesen im Havelland angebracht. Zudem wurde eine bewegende Dokumentation über die Flüchtlinge erstellt, die nach Ende des Zweiten Weltkriegs hier untergebracht wurden und blieben.

Wir fahren links neben der Kirche geradeaus weiter und erreichen die **Lindenstraße.** Das hübsche Ortsbild setzt sich fort: Fachwerk und Backstein, renovierte klassizistische Gebäude und solche, die erst noch wachgeküsst werden wollen. Zum Ende hin sehen wir rechts etwas zurückgesetzt ein zweistöckiges Gebäude – **Schloss Görne.**

Auf der Straße verlassen wir Görne, und nun geht es ganz sanft einen kleinen Hügel hinauf und für 4,5 Kilometer durch einen duftenden Nadelwald, bis wir auf die **Klessener Straße** treffen. Hier biegen wir rechts ab und wechseln auf die andere Straßenseite. Nach 200 Metern kommen wir an der **Sieben-Brüder-Eiche** **8** vorbei. Dieses Naturdenkmal besteht aus sieben einzelnen Stieleichen, die am Stamm zusammengewachsen sind.

Nun sind es nur noch 450 Meter, und wir sind zurück am Startpunkt unserer Tour.

Verwunschene Waldabschnitte zwischen Schönholz und Görne

Dreetz
L 141
L 14
Großderschau
Dosse
102
Bültgraben
Mühlenrhin
Rhinkanal
Dreetzer See
Dreetzer Straße
K 6815
Giesenhorst
Rhinkanal
Wutzetzer
Wiesen
5
L 166
Kleiner Havelländischer Hauptkanal
Rhinow
Stölln
L 17
Gollen-
berg
Rhinower
Berge
Kleßen
Friesack
Klessener Straße
L 17
Steinberg
Struwenberg
Wuthnowsberg
Kleßener See
Weinberg
Rohrberg
Finkenberg
K 6316
Schönholz
Kiebitzberg
Großer
Penerberg
Hasselberg
Achtruten-
berg
Kleiner
Penerberg
Görne
Naturpark
Westhavelland
Görner See
Buchenberge
188
K 6331

Entspannung ✱✱✱✱✱ (3 von 5)
Genuss ✱✱✱✱✱ (3 von 5)
Romantik ✱✱✱✱✱ (3 von 5)

WIE & WANN:
Die ersten 6 Kilometer der Tour verlaufen etwas strapaziös auf Plattenwegen – hier sind breite Reifen zu empfehlen. Ganzjährig befahrbar, wenige Waldabschnitte, auf Sonnenschutz achten.

HIN & WEG:
Auto: Start und Ziel ist die Klessener Straße bei Friesack, 700 Meter hinter dem Kreisverkehr Klessener Straße/Berliner Allee in Fahrtrichtung Kleßen. Parkmöglichkeiten am Wegesrand der Klessener Straße oder in den Seitenstraßen am Ortsausgang von Friesack (GPS: 52.736261, 12.571594).
ÖPNV: Keine direkte Anbindung an die Strecke. Der Bahnhof Friesack liegt 4 Kilometer nordöstlich. Von dort Bahnverbindungen nach Wittenberge und Berlin

ESSEN & ENTSPANNEN:
Restaurant Adrijano ❹ Am Gollenberg 2D, 14728 Gollenberg, Tel. (03 38 75) 90 55 57

ENTDECKEN & ERLEBEN:
Karlemanns Brücke ❶
Arboretum Lüttgen Dreetz ❷
Lady Agnes ❸ Am Gollenberg 10, 14728 Gollenberg, Tel. (03 38 75) 9 06 90
Otto-Lilienthal-Denkmal ❺
Lilienthal-Centrum ❻ Otto-Lilienthal-Straße 50, 14728 Gollenberg, Tel. (03 38 75) 9 06 90
Fachwerkkirche Görne ❼ Lindenstraße 39, 14728 Kleßen-Görne
Sieben-Brüder-Eiche ❽ Klessener Straße 26, 14662 Friesack

- 46 Kilometer
- 170 Höhenmeter
- 4,5 Stunden
- Rundtour

Blumenwiese im Frühling am Panoramaweg

Wir starten unsere Tour am **Bahnhof Werder.** Unsere erste Etappe soll uns über den Havelradweg führen, hierzu werden wir zunächst nach Phöben radeln. Vor dem Bahnhof fahren wir rechts bis zur **Phöbener Straße** und biegen rechts in sie ein. Wir überqueren die Bahngleise und kommen zu einem Kreisverkehr, wo wir geradeaus (die zweite Ausfahrt) weiterfahren. Die Straße führt uns in den Stadtteil **Havelauen,** der durch moderne Bauten geprägt ist. Wir rollen auf einen großen Platz zu und schieben das Rad ein Stück durch den Fußgängerbereich bis zur **Hafenpromenade.** Eine Brücke führt uns über das schmale Hafenbecken voller vertäuter Boote.

Auf der anderen Seite fahren wir geradeaus durch ein ruhiges grünes Wohngebiet abseits des Verkehrs.

Panoramatour

Havelradweg und Werderobst

Wir treffen auf ein Waldstück, fahren links und nach 350 Metern rechts auf die **Phöbener Chaussee.**

Nach 750 Metern, unmittelbar vor der Unterführung der A10, radeln wir rechts zum **Fischer Berner** ❶. Wir folgen der Stichstraße für 700 Meter und erreichen das beliebte Plätzchen, direkt an der Havel gelegen, mit einem eigenen Angelteich. Wenn wir über die Havel schauen, die sich hier zum großen und kleinen **Zernsee** verbreitert, erkennen wir auf der anderen Seite die Insel Töplitz mit dem Naturschutzgebiet Wolfsbruch und dem Jachthafen Ringel. Übrigens, mit der Tour 1 – Inselfeeling können wir diesen Teil näher kennenlernen. Das Essen schmeckt, es gibt frischen Räucherfisch, Fischsuppe, Fischbrötchen und natür-

lich Getränke. Bei den Sitzplätzen haben wir freie Wahl: Wir können an Bierbänken unter freiem Himmel, überdachten Tischen am Angelteich oder direkt an der Havel sitzen.

Zurück auf der Phöbener Chaussee, passieren wir die Unterführung und fahren 1 Kilometer neben der Straße. Pferdekoppeln prägen das Bild, und links vor uns erhebt sich ein Hügel – der **Phöbener Wachtelberg** mit einem Weingut.

Unser Weg führt uns in den Ort Phöben. Wir kommen an dem Restaurant Fischergarten vorbei, bleiben auf der Hauptstraße bis zur Ausschilderung **Havelradweg** – hier biegen wir rechts in die Fährstraße ein.

Nun noch an ein paar Häusern vorbei, dann beginnt der wunderbare Havelradweg! Für die nächsten 13 Kilometer radeln wir auf einer für den Kraftverkehr gesperrten Fahrradstraße und bekommen wunderbare Eindrücke von der Havel. Ab und an führen Wirtschaftswege auf die Felder, wir bleiben immer auf dem Asphalt und orientieren uns an den grünen Richtungspfeilen.

Es geht zunächst durch ein kleines Waldstück, dann schlängelt sich unser Weg an Pferdegestüten vorbei. Eine Infotafel klärt uns auf, dass sich hier früher am Räuberberg eine slawische Siedlung mit **Wallanlage** befand, von der allerdings nichts mehr zu sehen ist.

Wir fahren über Felder und erreichen danach den Deich direkt an der Havel. An warmen Wochenenden ist auf dem Wasser eine Menge los, Hausboote und kleine Jachten ziehen gemütlich vorbei oder liegen vor

*Der **Weinbau** in Werder geht auf Mönche des Klosters Lehnin im 14. Jahrhundert zurück. Begünstigt durch das warme Mikroklima und sandige Böden entstanden rund 240 Weinberge. Als die Nachfrage nach Wein zurückging, wurde auf den Obstbau umgestellt.*

Für die Seele

Erfolgsrezept fürs Glück: entspanntes Radeln an der Havel, dann durch weite Obstplantagen streifen und zum Ausklang ein Besuch in der Inselstadt Werder.

Auf dem Havelradweg am Wasser entlang

Anker. Hier sollten wir kurz innehalten; das Deichufer lädt uns ein zu einem kleinen Stopp am Wegesrand, um dem Treiben zuzuschauen. Denn hier gibt es tatsächlich den besten Blick auf das Wasser in unmittelbarer Nähe zur Havel.

Ein paar Mal öffnet sich die Baumreihe am Ufer auf tolle Flussansichten, dann entfernt sich der Weg etwas vom Ufer, die Havel verbleibt in Sichtweite. Beiderseits des Weges liegen nun Felder mit Grünland, und große Kuhherden verteilen sich in der Weite.

Links neben unserem Deichweg versteckt sich ein Wassergraben im Schilfgras, wird aber vom vorlauten Gequake der Frösche verraten.

Das Radeln hier auf dem Deich ist pure Meditation. Störende Reize sind ausgeblendet, die Landschaft zieht langsam an uns vorbei und wir können den kleinen Dingen um uns herum die Aufmerksamkeit schenken. Allenfalls der über den Asphalt huschende Schatten eines Vogels holt uns wieder ins Hier und Jetzt, und wir spüren, dass hier alles am richtigen Ort ist, wir inklusive.

Etwa 5 Kilometer hinter Phöben wird es auf der anderen Flussseite jetzt lebendiger. Wir überkreuzen eine Straße, die zur Fähre nach Ketzin, dem gegenüberliegenden Ort, führt – der einzigen Möglichkeit zwischen Werder und der Stadt Brandenburg, die Havel zu überqueren.

Wir bleiben auf unserer Seite des Gewässers und fahren weiter durch die Landschaft mit ihren Feldern. Unser Weg geht für 2,5 Kilometer geradeaus, dann schwenkt er nach links und wir bekommen die Havel wieder hautnah zu spüren. Hier verzweigt sie sich und umfließt kleine Havelinseln, dann verbreitert sich der Flussarm neben uns zum großen **Trebelsee.**

Unser Weg vollzieht eine Linkskurve und will uns dann entlang eines Feldweges von der Havel wegführen. Bevor wir der Kurve folgen, können wir rechts ein paar Meter hinab zu einer **Badestelle am Trebelsee** ❷ fahren. Bäume spenden uns Schatten und eine Wiese bietet uns einen weichen Untergrund für eine Pause. Nach der Pause geht es nun zurück auf den Weg. An der nächsten Rechtskurve können wir im Hinterland glitzernde Seen erkennen: Die **Schmergower Erdelöcher** sind vor 150 Jahren durch den Abbau von Ton entstanden.

Nach der Kurve führt der Weg nun auf eine Anhöhe hinauf. Am Scheitelpunkt steht unter einem Baum eine Bank, wo wir kurz verschnaufen können, dann sausen wir links wieder hinunter. Am Ende der Abfahrt fahren wir rechts **Richtung Deetz** und für 1,3 Kilometer idyllisch von Busch und Baum geschützt weiter, bis wir an einem Absperrgatter auf eine Straße treffen. Der Havelradweg führt nun geradeaus weiter, wir aber wollen nach Deetz und dann zu den Obstplantagen von Werder, also biegen wir links ab. (Tipp: Einen weiteren Abschnitt des schönen Havelradweges fahren wir mit der Tour 10 zum Kloster Lehnin.)

Wir biegen in die Vorfahrtstraße rechts ein und erreichen das **Dorf Deetz.** Zeit für eine Badepause! Nach 300 Metern biegen wir rechts ab und an der kurz danach folgenden Infotafel erneut rechts auf einen Schotterweg. Wir kommen an einem Sportplatz vorbei und zu den **Deetzer Erdelöchern** mit einer **verlockenden Badestelle ❸** samt Spielplatz, kleinem Strand und ein paar Bäumen. Höchste Zeit, den Füßen etwas Ruhe zu gönnen! Wenn wir die Augen schließen, mischen sich in unsere Gedanken die schönen Eindrücke vom Havelradweg mit dem ausgelassenen Gekicher der Kinder, die vom Holzsteg in den See springen.

Nach der Erfrischungspause fahren wir zurück zur Infotafel und weiter nach links bis zur Hauptstraße. Dort setzen wir unsere Fahrt nach rechts fort. Für 2,3 Kilometer geht es zwischen Feldern über die ruhige Verbindungsstraße L86 nach **Krielow.** Dort schwenkt die Vorfahrtstraße nach rechts, wir fahren aber geradeaus in den **Siedlerweg** (es ist eine entgegengesetzte Einbahnstraße, für Fahrräder ist die Durchfahrt erlaubt).

*In **Derwitz** führte Lilienthal die ersten Flüge mit seinem Gleitflug-Apparat durch. Derwitz gilt somit als erster Flugplatz der Welt. Später verlegte Lilienthal seine Flüge zum Gollenberg in Stölln. Die Tour 5 – Hoch hinaus führt uns dorthin.*

*Die **Zauche** ist ein Landschaftsgebiet, dessen Hochfläche aus Platten besteht. Es reicht im Süden bis nach Beelitz. Der Name stammt aus dem Slawischen und bedeutet trockenes Land.*

Nach 250 Metern biegen wir links in die Lilienthalstraße ein. Sie führt uns in den alten Ortskern von Krielow mit der hübschen Kirche. Wir überqueren Bahngleise und radeln einen kleinen Hügel hinauf. Wenn wir auf der anderen Seite hinabrollen, dürfen wir nicht zu schnell werden – sonst verpassen wir den kleinen Weg, der uns links zum **Lilienthal-Denkmal** ④ führen wird. Es geht einen Pfad hinauf, und die große Nachbildung eines Gleitflug-Apparates von Lilienthal steht vor uns.

Zurück auf der Straße, können wir nun den Hang hinabrollen und erreichen den Ort **Derwitz.** Am Kreisverkehr fahren wir geradeaus weiter und treffen nach 650 Metern auf die Derwitzer Chaussee. An der Ampel überqueren wir die Straße und fahren ein kleines Stück links, bis wir vor dem Gasthaus zum fliegenden Ross rechts in den **Panoramaweg Werderobst** einbiegen. Der Weg führt uns im sanften Anstieg hinauf auf die Zauche, auf der wir bis kurz vor die Stadt Werder radeln werden.

Zunächst geht es durch einen duftenden Mischwald, und wir passieren auf einer Brücke die **A10.** Kurz vor und kurz hinter der Brücke ist der Weg mit Kopfsteinen gepflastert – ansonsten radeln wir bequem auf gut befahrbarem Untergrund. Der Wald öffnet den Vorhang und macht die Bühne frei für eine Landschaft aus Feldern mit Mohn und Kornblumen und einen weiten Himmel.

1 Kilometer nach der Brücke biegt der Weg nach links ab und wir können an einem Picknickplatz Rast machen. Nach und nach gesellen sich zu den Feldern Obstplantagen, und um die Vögel daran zu hindern, die leckere Früchte zu stibitzen, kreisen Raubvogelattrappen an langen Stangen über den Anbaugebieten.

Der Panoramaweg führt uns geradeaus weiter über die Höhen der Zauche. Nach 1,5 Kilometern passieren wir die **Lehniner Chaussee.** Nun schlängelt sich der Weg im Zickzack zwischen den Plantagen hindurch, und wir müssen aufpassen, dass wir nicht die Abbiegungen verpassen: Nach 500 Metern fahren wir links auf dem Asphalt weiter, dann nach 1,4 Kilometern halten wir uns rechts.

Wir überqueren ein Sträßlein, der Weg steigt noch einmal an, und auf der Kuppe bekommen wir prompt den Lohn der kleinen Mühe geschenkt: einen Blick in die Weiten der Plantagen – der Große Plessower See mittendrin –, und am grün bewaldeten Horizont erahnen wir die Stadt Werder.

Kurz danach kommen wir zu einer Station der **Optischen Telegrafenlinie** ❺, mit der zwischen 1832 und 1849 vom Rheinland bis Berlin Nachrichten übertragen wurden – ohne Strom, nur durch wiederholte optische Übermittlung von Zeichen von Station zu Station. Eine weitere Station befindet sich in dem Ort Schenkendorf, durch den uns die Tour 10 – Kunst, Kultur, Natur führt.

Auf den Höhen des Panoramaweges

Jetzt geht es erst einmal entspannt den Hügel hinunter; gleich an der Querstraße **Glindower Gartenstraße** biegen wir links ab (der grüne Richtungspfeil zeigt geradeaus). Wir rollen durch eine Straße mit Einfamilienhäusern, überqueren die Dr.-Wolff-Straße und biegen direkt danach rechts in die **Glindower Chaussee** ein; wir fahren in das urbane Gebiet der Stadt Werder. Nach 1 Kilometer können wir – falls unser Magen nach einem Fischimbiss verlangt – links Richtung Strandbad einbiegen. Es folgt dann gleich ein Schild zum **Fischerhof Kühn** **6** am Plessower See. Der Fischerhof hat tolle Fischgerichte und ein paar traumhafte Sitzbänke am See.

Zurück auf der Glindower Chaussee, radeln wir weiter auf einem Radweg, und gleich hinter der nächsten Ampel folgt auch das Ortsschild von Werder. Bevor wir uns auf die bezaubernde Insel der Stadt begeben,

Fischerhof Kühn am Plessower See

Aussichtsturm auf dem Werder Wachtelberg

machen wir noch einen Abstecher zum **Wachtelberg** von Werder. Moment – hatten wir nicht in Phöben schon einen Wachtelberg gesehen? Richtig! Und wie jener ist auch dieser hier ein **Weinberg,** und da wollen wir hin und hinauf, denn oben locken ein toller Rundblick und eine authentische **Straußwirtschaft.**

Zum Wachtelberg fahren wir einfach geradeaus für 1,3 Kilometer weiter, dann biegen wir scharf links hinter der Grillstation in die **Moosfennstraße** ein. Wir müssen uns durch das Wohngebiet schlängeln, um zur Auffahrt zu gelangen: die nächste Straße **Am Wachtelberg** rechts und weiter rechts in einem kleinen Halbkreis um einen Häuserkomplex herum. Auf der anderen Seite direkt wieder rechts. Hier führt nun erneut rechts ein unscheinbarer Weg den Hang hinauf.

Die Auffahrt zum Wachtelberg ist kurz, aber steil. Oben angekommen, befinden wir uns inmitten von Rebstöcken des **Weingutes Dr. Lindicke.** Der **Aussichtsturm** schenkt uns einen freien Blick über den Weinberg und die von der Eiszeit geformte hügelige Landschaft.

Hier auf der Insel besteht der Straßenbelag aus Kopfsteinpflaster, der sich auch nicht wirklich umgehen lässt. Bei der Inselumrundung fahren wir aber auch über längere Strecken auf der Uferpromenade, wo es sich besser radelt.

Rechts am Hang ist die versprochene Straußwirtschaft **Weintiene** 7, wo wir im Herbst zur Weinlese Federweißer und Zwiebelkuchen sowie ansonsten leckere Snacks und köstliche Weine bekommen.

Wenn wir die Straße wieder hinabrollen, sehen wir rechts noch die romantisch wirkende Wachtelburg, ein ehemaliges Ausflugslokal – heute wird dort ein christliches Kinder- und Jugendzentrum betrieben.

Wieder am Fuße des Wachtelberges angekommen, fahren wir rechts und an der Potsdamer Straße links. Wir biegen rechts in die breite Allee Unter den Linden ein, die uns über eine Brücke nach **Werder** führt.

Die hübsche Inselstadt ist nur über diese Brücke erreichbar und lohnt sich immer für einen Besuch. Wir

Fischerstraße in Werder

folgen dem **Inselrundweg,** der durch kleine Gassen zu Kirche und Mühle führt und dann über die Uferpromenade um die Insel herum wieder bei der Brücke endet.

Wir fahren auf die Inselmitte zu und biegen rechts in die **Mühlenstraße** ab. Der Weg gabelt sich, und wir nehmen die Gasse, an deren Ende sich der Kirchturm der **Heilig-Geist-Kirche** befindet. Am hübschen Platz vor der Kirche steht auch das **Alte Rathaus** mit seinem eindrucksvollen Giebel. Wir befinden uns hier auf einer leichten Erhöhung, dem Mühlenberg, und die **Bockwindmühle** ⑧ steht gleich rechts vom Rathaus. Hier finden wir auch ein paar schattige Bänke unter Bäumen.

Wir folgen der Backsteinmauer des Kirchgeländes und biegen hinter ihr links ab. Am Ende des Weges kommen wir in die romantische **Fischerstraße.** Nach 200 Metern erreichen wir das rechts von uns am Wasser liegende **Fischrestaurant Arielle** ⑨. Auch wenn wir keine Essenspause machen möchten, lohnt sich ein Blick auf die urige Dekoration mit Fischernetzen und Fischköpfen. Wir bleiben auf der Fischerstraße und biegen in die nächste Straße rechts ab, um die **Uferpromenade** zu erreichen.

Auf der Uferpromenade finden wir weitere Restaurants. Am Ende der Promenade geht es links an einem Sportplatz vorbei und dann wieder links zurück zur Brücke.

Wenn wir jetzt noch eine Essenspause einlegen wollen, können wir erneut zur Inselmitte fahren oder auf der Allee Unter den Linden jenseits der Brücke in einem der Restaurants einkehren.

Unsere Tour ist nun fast zu Ende, von hier aus ist es nur noch ein kleines Stück bis zum Bahnhof Werder. Wir fahren die Straße Unter den Linden bis zur **Eisenbahnstraße** und dort gehts es rechts für 750 Meter weiter. An der Gabelung folgen wir dem grünen Richtungspfeil und fahren halb rechts auf die **Adolf-Gamaschke-Straße,** die uns nach 2 Kilometern zum Bahnhof führt.

Zachow
K 6301
L 92
Ketziner Havelinseln
Ketzin
L 86
L 862
Paaren
Havelkanal
Paretz
Uetz
Trebelsee
Schmergower Erdelöcher
Trebelberg
Havel
L 92
Sacrow-Paretzer Kanal
Göttinsee
L 86
Deetz
Schmergow
L 86
L 90
Schlänitzsee
Töplitz
Leest
Mühlenberg
Krielower See
Phöben
Phöbener Wachtelberg
Kleiner Zernsee
Krielow
Wolfsbruch
L 86
Windmühlenberg
Havel
Großer Zernsee
Groß Kreutz (Havel)
Derwitz
L 90
1
K 6951
Neu Plötzin
Werder (Havel)
Bochow
Plessow
Großer Plessower See
Stadtpark
10
L 861
L 90
Göhlsdorf
Plötzin
Glindow
1
Glindower See
Glindower Alpen
2
Schwielowsee

Alles auf einen Blick

WIE & WANN:
Fast immer gut befahrbare Straßen mit glattem Untergrund. Ein kurzer Abschnitt zwischen Deetz und Krielow liegt auf einer ruhigen Landstraße, ansonsten verkehrsberuhigt oder abseits vom Verkehr. Zu jeder Jahreszeit fahrbar, besonders schön zur Blüte der Obstbäume im Frühjahr oder zur Erntezeit im Herbst.

HIN & WEG:
Auto: Parkplätze am Bahnhof Werder (GPS: 52.392451, 12.927775).
Bei Anreise mit dem Auto ist auch ein Toureinstieg in Derwitz möglich.
ÖPNV: Bahnhof Werder mit Bahnverbindungen nach Brandenburg an der Havel und Berlin

Entspannung ★★★★☆
Genuss ★★★★★
Romantik ★★★★★

ESSEN & ENTSPANNEN:
Fischer Berner ❶ Phöbener Chaussee 5A, 14542 Werder (Havel), Tel. (0 33 27) 4 34 46, www.raeucherfisch-werder.de
Fischerhof Kühn ❻ Am Plessower See 84, 14542 Werder (Havel), Tel. (0 33 27) 4 24 84, fischerhof-kuehn.de
Weintiene ❼ Wachtelwinkel 30, 14542 Werder (Havel), weinbau-lindicke.de/strausswirtschaft-weintiene
Fischrestaurant Arielle ❾ Fischerstraße 33, 14542 Werder (Havel), Tel. (0 33 27) 4 56 41, www.fischrestaurant-arielle.de

ENTDECKEN & ERLEBEN:
Badestelle Trebelsee ❷ 14550 Groß Kreutz (Havel)
Badestelle Deetz ❸ 14550 Groß Kreutz (Havel) **Lilienthal-Denkmal ❹**
Optische Telegrafenlinie ❺ **Bockwindmühle ❽**

Birnen vor der alten Brennerei Ribbeck

Unsere Tour beginnt am **Bahnhof Paulinenaue.** Wir fahren links in die **Bahnhofstraße** und kommen nach 600 Metern an der im expressionistischen Stil gehaltenen **Dorfkirche** aus dem Jahr 1932 vorbei. Schon bald erreichen wir das Dorfende und fahren unter Vogelgezwitscher zwischen Wiesen und Wäldern hinaus.

Es folgt die **Siedlung Bienenfarm,** die wir rasch durchqueren und an deren Ende sich ein kleiner Flugplatz anschließt – hier finden im Sommer Flugveranstaltungen mit historischen Flugzeugen statt.

Wir fahren an ein paar Abzweigungen vorbei. 1,8 Kilometer hinter Bienenfarm biegen wir rechts an dem **Schild „zum Kinderbauernhof Marienhof"** auf eine lauschige kleine asphaltierte Straße ein, die uns be-

Birnen und Borsig

Fontanes Ribbeck und Groß Behnitz

quem und gemütlich, geschützt durch Sträucher und Bäume, nach 1 Kilometer zu dem genannten Kinderbauernhof führt.

Der Besuch des **Kinderbauernhofs Marienhof** (1) lohnt sich für alle, die mit ihrem kleinen Nachwuchs unterwegs sind. Es gibt viele Haus- und Hoftiere zu entdecken, und außerdem besteht die Möglichkeit, auf einem Pony zu reiten.

Wir fahren geradeaus auf der asphaltierten Straße weiter, begleitet von einem Wasserkanal, der etwas unterhalb der Straße verläuft. Links wie rechts erstrecken sich die Felder bis zum Horizont, vereinzelt unterbrochen von Waldstreifen. Vor uns in der Ferne erkennen wir einzelne Häuser und den hoch aufragenden

*Kurz vor Ribbeck geht links der bezaubernde **Havellandradweg** ab, der nach Nauen und weiter bis nach Spandau führt. Ein Teilstück dieses Weges haben wir in unsere Tour eingebaut.*

*In Fontanes Legende verschenkte **Herr von Ribbeck** Birnen an Kinder. Als er starb, bat er darum, ihm eine Birne ins Grab zu legen. So wuchs aus seinem Grab ein Birnbaum, an dem die Dorfbewohner naschten. In der Kirche befindet sich der Stamm dieses Birnbaums.*

Schornstein einer Brennerei. Wir nähern uns **Ribbeck.**

Unser Weg führt an dem Parkplatz vorbei geradeaus auf die **Theodor-Fontane-Straße.**

Hinter dem roten Haus biegen wir rechts in die Straße **Am Birnbaum** ein, die uns an den Sehenswürdigkeiten vorbei und um die Kirche herumführen wird.

Wo andere havelländische Dörfer ihre Reize schüchtern zurückhalten, da sprudelt es bei Ribbeck nur so heraus: wunderschöne Backsteingehöfte, charmant hergerichtete Cafés, die Kirche mit der Geschichte von Fontanes Birnbaum und in der Mitte das großartige Schloss sowie der nachdenklich stimmende Friedhof mit den Gräbern der Familie Ribbeck.

Zunächst kommen wir zum **Café Alte Schule** ❷. Das kleine Haus hat Herr von Ribbeck gebaut; es wurde bis 1968 als Schule genutzt. Heute befindet sich dort ein nettes Café, außerdem ist das Klassenzimmer in historischer Form wiederhergestellt worden und kann besichtigt werden.

Ein paar Meter weiter imponiert rechts die schon von Weitem angekündigte **Alte Brennerei** ❸ mit dem hohen Schornstein. Die Brennerei befindet sich im Besitz der Familie von Ribbeck und wird als Veranstaltungsort genutzt. Außerdem wird dort Balsamessig hergestellt.

Gegenüber der Alten Brennerei führt ein kleiner Weg zum Eingang der **Kirche von Ribbeck** ❹. Vor der Kirche stehen ein neu gepflanzter Birnbaum und eine Skulptur.

Vis-à-vis vom Eingang zur Kirche findet sich das **Café Altes Waschhaus** ❺ mit nostalgischer Dekoration und großartigen Torten. Es ist nicht einfach, einen Platz zu bekommen, aber der Besuch lohnt sich!

Nach der Stärkung in einem der entzückenden Cafés fahren wir auf der anderen Seite der Kirche zurück und kommen dabei an **Schloss Ribbeck** ❻ vorbei.

Am Rand der Wiese vor dem Schloss können wir noch den Pfad zum Familienfriedhof der Ribbecks ge-

Stamm des legendären Birnbaums in der Kirche Ribbeck

Schloss Ribbeck mit Skulpturen

Für die Seele

Lieber Birnentorte im Alten Waschhaus in Ribbeck naschen oder in Groß Behnitz auf Havellands schönster Seeterrasse sitzen? Unbedingt beides machen!

hen, der anlässlich des tragischen Todes der an Diphtherie verstorbenen Kinder angelegt wurde.

Am Ende unserer kleinen Rundtour durch Ribbeck kommen wir zurück auf die **Theodor-Fontane-Straße** und biegen rechts in sie ein. Sie führt uns nach wenigen Metern zur Durchgangsstraße, die wir überqueren, um auf der anderen Seite unseren Weg in der Straße **Zur Meierei** fortzusetzen.

Nach 500 Metern verlassen wir Ribbeck und wir treten ein in einen Wald. An der Gabelung bleiben wir auf dem Asphalt und halten uns links. Über leichte Anhöhen und sanfte Kurven schwingt sich die Straße, ab und an einen Blick auf die Felder freigebend. Es duftet nach Erde, Laub und Wild.

***Schloss Ribbeck** wurde als Herrenhaus der Familie von Ribbeck errichtet, heute gehört es dem Landkreis Havelland. Ein Museum zu Theodor Fontane mit Buchshop sowie ein gehobenes Restaurant sind dort beheimatet.*

Traumhafte Abendstimmung am Groß Behnitzer See

Nach 3,7 Kilometern erreichen wir eine Bahntrasse, eine Unterführung bringt uns sicher hindurch und in den Ort **Groß Behnitz** hinein. Wir folgen dieser Straße für 500 Meter und biegen rechts in die **Behnitzer Dorfstraße** ein. Bevor wir nach 350 Metern am roten Haus Nummer 19 rechts in den Weg Richtung See fahren, radeln wir noch ein paar Meter weiter zum **Landgut Stober** 7. In dem Restaurant mit sehr guter Küche können wir uns ein weiteres Mal verwöhnen lassen.

Das herrlich am See gelegene ***Landgut Stober*** *ist aus dem Landgut Borsig hervorgegangen und wurde umfangreich restauriert. Im Landgut wurden früher landwirtschaftliche Produkte hergestellt, heute beherbergt es ein gehobenes Restaurant und ein Biohotel.*

Die Terrasse des Landguts Stober liegt fantastisch am Hang mit Blick auf den Groß Behnitzer See.

Nach unserer Pause am Landgut fahren wir die paar Meter zurück zum **Haus Nr. 19** und biegen in den Weg ein, der uns hinunter zum See führt. Links liegt das Landgut Stober, wir fahren rechts auf einen Pfad. Dieser führt uns durch ein sumpfiges Gelände; links der Groß Behnitzer See, rechts vom Pfad die sumpfigen Ausläufer des Sees.

Das Landgut Stober am Groß Behnitzer See

Mit dem glitzernden See auf unserer linken Seite fahren wir auf einem romantischen Waldweg und passieren einen überdachten **Picknickplatz am Groß Behnitzer See** ⑧. Hier bietet sich ein wunderbarer Blick über den See, auf der anderen Seite schauen uns die Gebäude des Landgutes entgegen. Es stehen uralte Bäume hier, Reste der parkähnlichen Anlage. Kleine Infotäfelchen informieren uns über die Baumarten wie Sommerlinde, Winterlinde, Bergahorn und Stieleiche.

500 Meter später passieren wir einen weiteren Unterstand. Der Weg wird nun etwas schmaler, er führt uns leicht nach rechts vom See weg auf ein Feld zu. Am Feld fahren wir rechts und kommen nach 400 Metern auf einen **Plattenweg,** in den wir rechts einbiegen und der uns über Felder führt. Wir fahren an alten Bäumen und Bienenkästen vorbei erneut in einen Wald. Bei der ersten Abzweigung folgen wir dem Richtungspfeil und bleiben auf dem Plattenweg. Bei der nächsten Abzweigung folgen wir dem grünen Pfeil nach links; wir verlassen den Plattenweg und gelangen auf einen befestigten Schotterwaldweg.

Wir fahren auf dem Weg nun im dichten Wald, der sich unterwegs vom Mischwald in einen Nadelwald verwandelt. Nach 2,4 Kilometern kommen wir zu einem **Unterstand** ⑨ an einem verwunschenen Platz im Nirgendwo. Die Sonne leckt den Tau aus dem Moos, das sich in Wellen und Dellen über den Boden wölbt. Hier wollen wir Pause machen.

Ein Quietschen und Knarren der Äste dringt durch die Stille. Wenn jetzt noch ein Kobold erschiene, würde es uns nicht wundern. Nach der Waldpause erscheinen zunächst einzelne Häuser, dann schließlich verlassen wir den Wald und gelangen in den Ort **Buschow.** Wir folgen dem Richtungspfeil und landen auf einer Asphaltstraße, die uns weiter in den Ort und auf die quer verlaufende **Dorfstraße L99** führt, in die wir rechts einbiegen.

Wir überqueren eine Eisenbahnbrücke, hier oben haben wir einen ungehinderten Blick über die Weiten

Alte Backsteinkirche Pessin

des Havelländischen Luchs, ein ausgedehntes Flachmoor, welches sich links von uns erstreckt. Mit der Tour 4 – Trappen und Dörfer – können wir diese Landschaft genauer kennenlernen.

Wir müssen nun für 1,5 Kilometer auf der L99 bleiben, bis wir **Möthlow** erreichen und links in die **Lieper Straße** Richtung Rathenow/Nennhausen einbiegen.

Nach 600 Metern biegen wir dann halb rechts in eine kleine Fahrradstraße Richtung **Paulinenaue** ab. Hier radelt es sich wunderbar auf der ehemaligen Bahntrasse der Stillen Pauline. Nach 2 Kilometern kommt ein Abzweig; wir fahren weiter geradeaus und sind nun wieder auf dem Havelland-Radweg.

Nach 700 Metern können wir uns noch eine Pause gönnen und an diesem malerischen Weiher mit großzügiger Wiese und einem **überdachten Rastplatz** ⑩ haltmachen.

Kurz darauf durchqueren wir das Dorf **Pessin.** An der Kirche machen wir kurz halt; links hinter der Kirche befindet sich das in die Jahre gekommene **Knoblochsche Herrenhaus.** Unser Weg führt rechts um die Kirche herum; wir biegen in die **Straße der Jugend** ein und überqueren die **Hamburger Straße/B5.** Nun sind wir wieder auf der alten Bahntrasse der Stillen Pauline.

Nach 1,2 Kilometern biegen wir links und nach weiteren 300 Metern rechts ab und folgen dabei stets dem Wegweiser **Paulinenaue.** Für 3 Kilometer geht es nun einsam zunächst durch Felder, später durch Wälder, bis wir in Paulinenaue eintreffen. Die Straße biegt nach rechts ab und nennt sich hier **Unter den Eichen.** An der nächsten Kreuzung fahren wir links in die **Prof.-Mitscherlich-Allee,** die nach 400 Metern auf die **Bahnhofsstraße** trifft.

Wir haben unser Ziel erreicht; der **Bahnhof** befindet sich rechts.

*Im **Havelländischen Luch** sind Vogelarten wie Graureiher, Kraniche und Störche heimisch – und vor allem auch die Großtrappe, die vor 30 Jahren nahezu ausgestorben war. Auch dank dieses Reservats hat sie überlebt.*

Das Knoblochsche Herrenhaus in Pessin

Brädikow
Wagenitz
L 174
Großer Havelländischer Hauptkanal
K 6312
Paulinenaue
P
Lindholz
5
K 6312
K 6329
1
Pessin
Selbelang
10
3
2
5
6
4
Ribbeck
Retzow
L 99
L 991
Möthlow
Buschow
L 99
9
8
7
Groß Behnitz
Heineberg

Alles auf einen Blick

WIE & WANN:
Überwiegend asphaltierte Straßen oder gut befahrbare Radwege mit festem Untergrund, einzelne Abschnitte im Wald mit Schotterwegen. Die unbefestigten Wege im Wald bei Groß Behnitz können bei Regen matschig werden. Ganzjährig befahrbar, mit den langen Waldabschnitten ist die Tour auch an sonnigen Tagen geeignet.

HIN & WEG:
Auto: Parkplätze vor dem Bahnhof Paulinenaue (GPS: 52.675748, 12.713077)
ÖPNV: Bahnhof Paulinenaue mit Bahnverbindungen nach Wittenberge und Berlin

ESSEN & ENTSPANNEN:
Café Alte Schule ❷ Am Birnbaum 3, 14641 Nauen/Ribbeck, Tel. (03 32 37) 8 54 58, www.alteschule-ribbeck.de

Entspannung ✱✱✱✱
Genuss ✱✱✱✱✱
Romantik ✱✱✱✱✱

Café Altes Waschhaus ❺ Am Birnbaum 6, 14641 Nauen/Ribbeck, Tel. (03 32 37) 8 51 06, www.waschhaus-ribbeck.de
Landgut Stober ❼ Behnitzer Dorfstraße 27–31, 14641 Nauen, Tel. (03 32 39) 2 04 40

ENTDECKEN & ERLEBEN:
Kinderbauernhof Marienhof ❶ Marienhof 1, 14641 Nauen, Tel. (03 32 37) 8 88 91, www.marienhof-ribbeck.de
Alte Brennerei ❸ Am Birnbaum 11, 14641 Nauen
Kirche von Ribbeck ❹ Am Birnbaum 2, 14641 Nauen
Schloss Ribbeck ❻ Theodor-Fontane-Straße 10, 14641 Nauen, Tel. (03 32 37) 8 59 00, www.schlossribbeck.de
Picknickplatz am Groß Behnitzer See ❽
Unterstand im Wald bei Buschow ❾
Rastplatz am Weiher bei Pessin ❿

- 45 Kilometer
- 140 Höhenmeter
- 4,5 Stunden
- Rundtour

Bockwindmühle Vehlefanz

Unsere Tour beginnt und endet in **Schwante,** einem Ort im **Ländchen Glien.** Wir werden in Schwante und seinem Nachbarort Vehlefanz viele schöne Dinge entdecken, einen Teil davon jetzt beim Start, einen Teil, wenn wir nach der Tour wieder hier ankommen. Wem die Runde zu lang ist, der kann in Klein-Ziethen abkürzen.

Unsere Tour beginnt am **Bahnhof Schwante.** Wir biegen links in die Bahnhofsstraße und am Kreisverkehr rechts ab. Auf der rechten Seite vor der Bushaltestelle befindet sich hinter einem Backsteinhaus die barocke **Schwanter Kirche** ❶ von 1780. Sie lohnt sich gleich für einen ersten Stopp – sie ist offen zugänglich und beherbergt eine hölzerne Hufeisenempore und Patronatsloge.

*Das **Ländchen Glien** ist eine eiszeitliche Platte, die über den feuchten Niederungen der unwirtlichen Urstromtäler lag und deshalb früh besiedelt werden konnte. Die 14 Dörfer um das Waldgebiet Krämer im Glien werden Krämer Dörferkranz genannt.*

Auf dem Postweg

Schwante und der Krämer Forst

Auf der anderen Straßenseite befindet sich der **Knotenpunkt 22,** wir fahren in den dort abgehenden **Schlossweg.** Eine romantische Allee führt uns auf das Schloss zu, wir biegen vor dem Parkplatz links in den Weg Richtung **Mühlensee** ab. Hinter Backsteinscheunen kommt eine große Wiese zum Vorschein – mit Gartentischen und flatternden weißen Tischdecken unter mächtigen Bäumen: Hier im **Gartenrestaurant Schloss Schwante** ❷ gibt es feine und leckere Speisen aus der Gartenküche. Auch wenn wir unsere Tour gerade erst begonnen haben – es wäre viel zu schade, hier ohne Halt vorbeizufahren – warum auch?

Gut gestärkt für die Tour fahren wir weiter. Der Weg verläuft am Rande des Schlossparks, ab und an bietet sich ein Blick in den Park und auf die ausgestellten Kunstobjekte des **Skulpturenparks** von Schlossgut Schwante.

Am Ende des Weges halten wir uns links und fahren auf einen **Wasserturm** zu. Der Wasserturm und die ihn umgebenden Gebäude waren früher Wirtschaftsgebäude des Schlossgutes. Vor dem Wasserturm fahren wir links und hinter den Gebäuden rechts. Vor uns liegen eine große Wiese und der idyllische **Mühlensee.**

Ein asphaltierter Rad- und Fußweg führt direkt am Wasser entlang. Im ersten Abschnitt passieren wir eine Kuhweide; wir erblicken den Namensgeber des Mühlensees, die schöne alte **Bockwindmühle Vehlefanz ③.** Am Ende unserer Tour wird uns die Route

Entspannte Pause am Schloss Schwante

direkt an ihr vorbeiführen. Wir halten uns stets auf dem Weg und kommen zu einem langen Holzsteg, der uns am Rand des Sees – eigentlich auf dem Wasser – weiterführt. Immer wieder bieten sich kleine Plattformen mit Bänken für einen Halt an, und wir lassen uns nieder. Wie auf einem Logenplatz betrachten wir das Schauspiel auf dieser Naturbühne. Vom Mühlensee umflossen, liegen Buchten vor uns, Schwäne landen, Gänse schnattern, und hinter uns summen die Insekten im Schilf.

Am Ende des Mühlenstegs geht der asphaltierte Weg weiter und wir folgen ihm nach links, er führt uns erst über eine kleine Brücke und dann weiter zu einem **Parkplatz.**

*Der **Mühlensee** ist ein ursprünglich zur Bewässerung der Landwirtschaft künstlich angelegter See. Heute ist er ein beliebtes Naherholungsgebiet. 2014 wurde der idyllische Rundweg um den See fertiggestellt, der teilweise auf Stegen über das Wasser führt.*

Für die Seele

Auf den Spuren der Postkutschen reisen wir durch den Wald, der uns, umschlossen von einem Kranz stiller Dörfer, mit der Unverfälschtheit märkischen Lebens bezaubert.

Am Parkplatz biegen wir rechts ab und kommen auf einen breiten straßenbegleitenden Radweg. Die Abzweigung Richtung Oranienburg/Schwante lassen wir liegen, fahren weiter geradeaus und biegen dann nach 2,5 Kilometern rechts nach **Klein-Ziethen** ab. Der angekündigte Ort folgt unmittelbar; am **Knotenpunkt 21** fahren wir weiter geradeaus an der Kirche vorbei.

Ein Plattenweg führt uns aus dem Ort heraus und in die Felder hinein.

Nach 1,3 Kilometern biegen wir links auf eine kleine ruhige Verbindungsstraße ab. Nun geht es über Felder, durch einen schönen Mischwald und dann auf einer mit alten Bäumen bestandenen Allee weiter, bis wir nach 2,5 Kilometern **Groß-Ziethen** erreichen.

Falls abgekürzt werden soll, können wir am Knotenpunkt 21 links Richtung Perwenitz/Alter Ziegenkrug abbiegen. An der Perwenitzer Chaussee rechts und mit der Brücke über die A10. Weiter durch Wolfslake und am Knotenpunkt 20 links auf den alten Postkutschenweg. Die Tour verkürzt sich dann auf 34 Kilometer.

***Schloss Ziethen** wurde vor 700 Jahren vom Adelsgeschlecht der Bredows erbaut und nach dem 30-jährigen Krieg zu einem Barockschloss umgestaltet. Es beherbergt heute ein Hotel und ein Restaurant, zur Anlage gehört auch ein großer Park mit altem Baumbestand.*

Im Ortskern leuchtet links die breite Fassade des 700 Jahre alten **Schlosses Ziethen** **4**. Der Gutspark ist frei zugänglich, das Restaurant im Schloss hat ab 17:30 Uhr geöffnet (Reservierung empfehlenswert).

Unser Radweg führt uns auf der Alten Dorfstraße geradewegs aus dem Ort heraus. Zwischen Äckern und Feldern erblicken wir Koppeln mit vielen Pferden – wir erreichen **Staffelde,** welches weithin für seine Pferdegestüte bekannt ist. Staffelde besaß einst ein Rittergut und beeindruckt uns durch seine im Vergleich zu anderen märkischen Dörfern großzügigen Häuser. Wir biegen am **Knotenpunkt 34** links ab und kommen zur Kirche. Wir erblicken das **Café Kornblumenscheune** und das prächtige Gutshaus des **Trakehnergestüts,** vor uns rechts ein altes **Vorlaubenhaus,** an dem sich früher der Pferdeausspann der **Poststation** befand.

Nach Staffelde wollen wir nun in den Krämer Forst. Wir nehmen für 1 Kilometer einen Radweg an der Straße und überqueren die Autobahn. 400 Meter hinter der Autobahn gibt es links einen Zugang zum Wald. Ein Weg führt an der Straße zurück, der andere halb rechts hinein – den nehmen wir.

Schöne Allee zwischen Groß-Ziethen und Staffelde

Rastplatz Ziegenkrug am Postweg im Krämer Forst

*Auf der **Hamburger Poststraße** fuhren ab 1700 die gelben Postkutschen und transportierten Briefe, Personen und Güter zwischen Hamburg und Berlin. Ein Teil der Strecke verlief durch den Krämer Forst mit Poststationen in Schönwalde, Bötzow und Ziegenkrug.*

Wegweiser am Postweg

Der **Krämer Forst** nimmt uns in sich auf, für insgesamt 12 Kilometer werden wir sein Gast sein.

Unser Weg führt uns hier über die historische Poststraße, den **Hamburger Postweg,** der weitgehend gerade durch den Wald verläuft. Um den Berliner Ring/A10 per Brücke zu überqueren, müssen wir eine kleine Umfahrung machen, die aber mit dem grünen Richtungspfeil ausgewiesen ist. Die Wege können im Sommer durch den Bewuchs etwas unscheinbar wirken – einfach auf die Schilder achten. Nach 1,6 Kilometern müssen wir an der Gabelung links fahren und passieren 1,7 Kilometer später mit der **Brücke** den Berliner Ring. Wir halten uns 200 Meter nach der Brücke links und gleich wieder rechts. Nun für 550 Meter durch den dichten Wald, dann rechts und noch einmal 350 Meter weiter. Jetzt links und wir sind wieder auf dem alten Hamburger Postweg.

Wir kommen nun zum **Knotenpunkt 20** an der Perwenitzer Chaussee, die wir überqueren. Auf der anderen Seite der Straße fahren wir den Postweg als befestigten Schotterweg weiter. Wenn wir die Abkürzung vom Knotenpunkt 21/Klein-Ziethen genommen haben, ist das der Wiedereinstieg in die Tour.

Nach 3,5 Kilometern erreichen wir den **Rastplatz Ziegenkrug ⑤**. Es bieten sich gleich mehrere Unterstände für eine Pause an. Hier befindet sich auch der historische Meilenstein „4 Meilen bis Berlin". Der Ziegenkrug war zu Zeiten des Postweges eine wichtige Station auf der Strecke Berlin–Hamburg.

Nun geht es noch mal 4,5 Kilometer weiter durch den herrlichen Mischwald, bis wir in die **Wansdorfer Chaussee** links einbiegen. Wir sind in **Bötzow** und folgen der Vorfahrtstraße, zunächst auf dem Radweg, später auf der Straße. Auf der **Straße Dorfaue** kommen wir an der Kirche vorbei und stoßen danach auf die **Schönwalderstraße,** in die wir links einbiegen. Nach 200 Metern wenden wir uns in die halb links beginnende **Marwitzer Straße** (es sind zwei kurz aufeinander-

Einsame Waldwege auf dem Postweg im Krämer Forst

folgende Abzweigungen; wir müssen die zweite nehmen).

Diese gemütliche kleine Straße führt durch ein ruhiges Wohngebiet. Wir fahren immer geradeaus und kommen nach 1,5 Kilometern auf ein Plateau voller Felder, danach rollen wir in den Ort **Marwitz.** Wir überqueren den hübschen Dorfanger und die **Breite Straße,** danach geht der Weg leicht nach rechts versetzt geradeaus weiter. Als letztes Gebäude von Marwitz kommen wir zu dem charmanten und skurrilen Antiquitätengeschäft **Historische Bauelemente** 6, wo man – nomen est omen – nahezu alles Antike erwerben kann, was in Haus und Garten gebraucht wird: vom Jugendstil-Türklopfer über Holztreppen bis zur Löwenstatue. Ein Besuch lohnt sich!

Nun geht die Fahrt auf einer einsamen Straße über die weitläufigen Felder, bisweilen beschützt durch Bäume und Büsche. Vor uns liegt die Bahnlinie, wir fahren links an ihr lang bis zur Station **Bärenklau,** dann rechts auf der Straße parallel zu der lärmgeschützten Autobahn A10, unter der wir nach 400 Metern durchschlüpfen können. Gleich nach der Unterführung sind wir in einem neuen Ortsteil von Bärenklau und fahren

Blick vom Bosselberg in Vehlefanz

durch die Wohnsiedlungen bis zur Vorfahrtstraße/ dem **Knotenpunkt 26.** Hier halten wir uns links und am Ende des Ortes nach etwa 1 Kilometer auf die schräg links abgehende kleine Straße.

Es geht wieder durch weite Felder, und nach 2 Kilometern landen wir in **Vehlefanz.** Wir überqueren die Lindenallee und fahren bei dem Fahrradwegweiser geradeaus weiter. Links von uns steht das **Alte Amtshaus** – eine renovierungsbedürftige ehemalige Schlossanlage. Hinter der Anlage wurde vermutlich im 12. Jahrhundert eine Wasserburg gebaut, von der nur noch Reste zu sehen sind. Wir wenden uns am Ende des Weges nach rechts und stehen vor dem **Bosselberg** ❼ (Botscheberg). Auf diesem künstlich aufgeschütteten Hügel stand früher ein Wohnturm („Motte"), geschützt durch einen umlaufenden Wassergraben. Von Wohnturm und Wassergraben ist nichts mehr zu sehen, aber auf den Hügel kann man prima raufklettern und von oben in die Landschaft schauen. Und zum Beineausstrecken und Durchatmen gibt es noch eine Sitzbank dazu.

Wir fahren um den Bosselberg rechtsherum und biegen in die Straße **Burgwall** rechts ein und hinter der Kirche links auf ein kurzes Stück auf einem Fußweg. Am Parkplatz hinter der Kirche beginnt ein kleines Sträßlein, weiter hinten schmiegt es sich an die Lindenallee, die wir noch 500 Meter weiterfahren. Nun sind wir an der **Bockwindmühle,** die wir zu Beginn der Tour schon aus der Ferne gesehen haben.

Unsere Tour ist bald zu Ende – zur Belohnung schlecken wir noch ein Eis im **Eispavillon** ❽ (200 Meter weiter die Straße entlang). Noch einmal kurz in die Pedale treten und nach 1,2 Kilometern beim Kreisverkehr rechts abbiegen, schon sind wir zurück am Bahnhof Schwante.

Wenn wir jetzt noch Hunger und Zeit haben – das Gartenrestaurant Schwante vom Beginn unserer Tour freut sich bestimmt, uns noch einmal zu sehen, es liegt nur 700 Meter entfernt!

Schwante
L 170
Flatow
Staffelde
L 17
Groß-
Ziethen
Mühlen-
see
Vehle-
fanz
Lindenallee
Bärenklau
Bärenklauer
Forst
Klein-
Ziethen
Weinberg
Schäferweg
Perwenitzer Chaussee
24
10
L 172
273
Neu-Vehlefanz
Eichstädt
Velten
L 161
Krämer Forst
Börnicke
L 17
Zehnruthen-
berg
Marwitz
Breite Straße
L 20
Grünefeld
L 16
Krämer
Kalittenberg
Mathiasberg
Marwitzer Straße
Veltener Straße
Perwenitz
Pfann-Berge
Wansdorfer Chaussee
K 6505
Bötzow

Alles auf einen Blick

WIE & WANN:

Der Abschnitt im Krämer Forst besteht vorwiegend aus Schotterwegen, teilweise auch kurze unbefestigte Bereiche, die bei Regen matschig sein können. Außerhalb des Krämer Forstes sehr gut befahrbare asphaltierte oder gut gepflasterte Nebenstraßen und Radwege. Ganzjährig bei trockenem Wetter zu befahren. Sehr schön zur Herbstzeit, wenn das Laub im Wald leuchtet.

HIN & WEG:

Auto: Parkplätze am Bahnhof Schwante (GPS: 52.734788, 13.091356)
ÖPNV: Bahnhof Schwante mit Bahnverbindungen nach Hennigsdorf und Kremmen

Entspannung ★★★★☆
Genuss ★★★★☆
Romantik ★★★☆☆

ESSEN & ENTSPANNEN:

Gartenrestaurant Schloss Schwante ❷ Schloßplatz 1–3, 16727 Oberkrämer
Schloss Ziethen ❹ Alte Dorfstraße 33, 16766 Kremmen, Tel. (03 30 55) 9 50, www.schlossziethen.de
Eispavillon/Milchtankstelle Schwante ❽ Dorfstraße, 16727 Oberkrämer, Tel. (01 74) 1 99 46 26

ENTDECKEN & ERLEBEN:

Kirche Schwante ❶ Dorfstraße 25, 16727 Oberkrämer
Bockwindmühle Vehlefanz ❸ Lindenallee 71, 16727 Oberkrämer
Rastplatz Ziegenkrug ❺
Historische Bauelemente ❻ Bärenklauer Weg 2/Ritterstraße, 16727 Marwitz, Tel. (0 33 04) 50 22 42, www.historische-bauelemente.com
Bosselberg („Motte") ❼

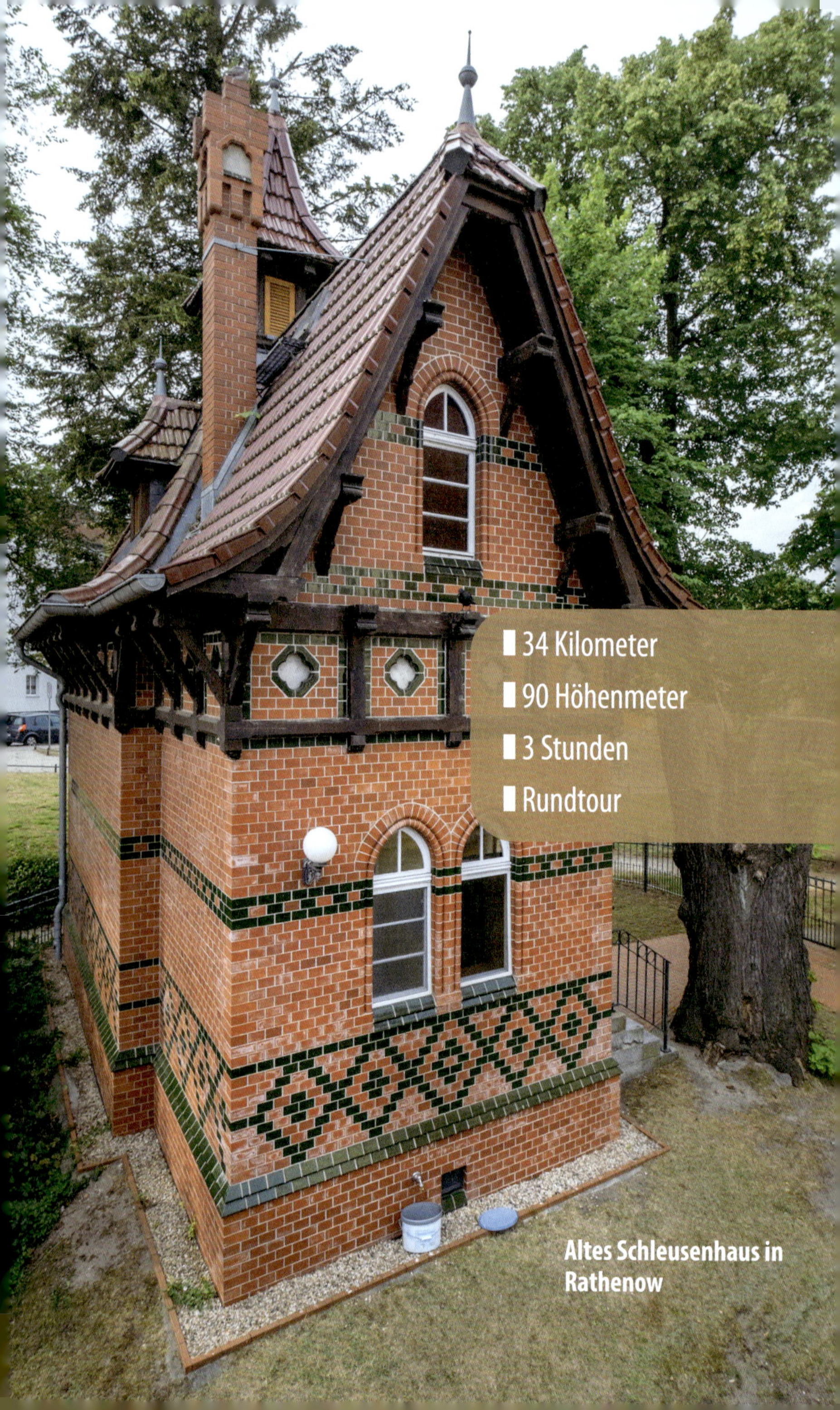

Altes Schleusenhaus in Rathenow

Wir beginnen unsere Tour am Dunckerplatz, dem Platz vor dem Bahnhof Rathenow. Bevor wir losradeln, können wir noch einen Blick auf das grüne Haus neben dem Bahnhofsgebäude werfen – es handelt sich um den **Kaiserbahnhof,** ein Empfangsgebäude, welches im norwegischen Stil erbaut wurde. So, nun schwingen wir uns aufs Rad! Wir fahren nordwärts, verlassen den **Dunckerplatz** auf dem **Friedrich-Ebert-Ring** und biegen an der Ampel links in die **Berliner Straße** ein.

Wir radeln für 1,2 Kilometer geradeaus auf dieser Straße durch Rathenow, bis wir zu der Brücke über den Stadtgraben kommen. Links vor dem Kanal befindet sich der Schleusenplatz, hier gibt es für uns einiges zu sehen. Zunächst befindet sich direkt an der Brücke

*Die Stadt **Rathenow** gilt als Wiege der optischen Industrie in Deutschland. Um 1800 erfand Johann Heinrich August Duncker spezielle Schleifmaschinen für optische Linsen, in dessen Folge sich Rathenow als Stadt der Optik entwickelte.*

Milower Ländchen

Im Naturschutzgebiet Untere Havel

das historische **Schleusenhäuschen** (einen schönen Blick auf das Gebäude hat man von der Brücke).

Der hübsche Schleusenplatz selbst wird überragt vom **Kurfürstendenkmal,** dem bedeutendsten Sandsteindenkmal Norddeutschlands. Es wurde anno 1738 zu Ehren des Kurfürsten Friedrich Wilhelm von Brandenburg im Andenken an die erfolgreiche Schlacht gegen die Schweden erbaut, die Rathenow besetzt hatten.

Ein paar Meter den Stadtkanal entlang kommen wir zu der Bronzeskulptur der **Schleusenspucker.** Als Schleusenspucker wurden die Tagelöhner bezeichnet, die hier am alten Stadthafen in den 20er- und 30er-Jahren des letzten Jahrhunderts nach Arbeit Ausschau hielten und sich die Zeit mit Spuckwettbewerben vertrieben.

Die Schleusenspucker
von Rathenow

Noch ein Stück weiter führt eine Fußgängerbrücke hinüber zur **Altstadtinsel.** Bevor wir unsere Fahrt hier am Stadtkanal fortsetzen, statten wir der Insel einen kleinen Besuch ab. Wir landen am romantischen Kirchplatz mit der evangelischen **Stadtkirche St. Marien und Andreas** (1) im gotischen Backsteinstil. Die Kirche wurde nach schweren Kriegsschäden wieder instand gesetzt. Vis-à-vis der Brücke hinter der Kirche steht das **Brandhaus,** ein Fachwerkhaus aus dem Jahr 1576 – es ist das älteste Wohnhaus Rathenows.

Nun geht es zurück über die Brücke zu unserer Tour. Wir fahren rechts zwischen zwei Backsteinmäuerchen entlang und biegen direkt links in einen schmalen Weg ein, der uns zwischen Hecken auf einen

*Die **Altstadtinsel** ist der historische Kern Rathenows. Sehenswert ist der Kirchberg mit der Stadtkirche St. Marien und Andreas sowie seinen geschichtsträchtigen alten Häusern wie dem Brandhaus und dem Geburtshaus von Johann Heinrich August Duncker.*

Für die Seele

Erlebnisreiche Runde von der historischen Havelstadt Rathenow durch das stille Naturschutzgebiet Untere Havel Süd zu den Bergen von Milow.

Brandhaus von 1576 in Rathenow

Für die **Bundesgartenschau 2015** wurden in Rathenow der Optikpark und der Weinbergpark neu gestaltet und die 350 Meter lange Fußgänger- und Radfahrerbrücke gebaut, die die beiden Parks verbindet.

Hügel hinaufführt. Wir sind hier am alten Weinberg von Rathenow. Oben angekommen, beginnt hier die spektakuläre Weinbergbrücke, die uns in geschwungenen Bögen über die Rathenower Havel führt. Wir landen auf der anderen Seite der Havel auf der Schwedendamminsel mit dem Optikpark. Wir fahren an Sportplätzen vorbei bis zum Schwedendamm. An der Ampel halten wir uns links.

Nun geht es für 2 Kilometer durch die Wohngegend Rathenow West, wir überqueren dabei noch die Kanäle Streckelsdorfer Arche und den Hauptschleusenkanal, bis wir zu einem **Kreisverkehr** gelangen. Hier biegen wir scharf links ab, lassen das Stadtbild hinter uns und fahren auf dem **Horstenweg** geradeaus, an der Gabelung nehmen wir den linken Weg. Zunächst pas-

Havelfische in Bützer

sieren wir ein paar Ein- und Mehrfamilienhäuser, dann wird der Weg zunehmend grüner. Wir fahren in einen Waldabschnitt und im weiteren Verlauf an die Havel. Nun sind wir endgültig in der unverbauten und unverbrauchten Natur angelangt. Hier beginnt das **Naturschutzgebiet Untere Havel Süd.**

Wir gelangen unmittelbar auf einen Deich mit gut befahrbarem feinem Schotter. Nach 400 Metern laden uns eine Bank und ein Hinweisschild zum Verweilen ein – wir stehen am ehemaligen **Burgwall Alt-Rathenow 2.** Hier befand sich eine slawische Burg (entstanden im 11. Jahrhundert), von der allerdings nichts mehr zu sehen ist.

Kleine Pause an der Havel

Wir folgen dem nach rechts abbiegenden Weg, der nun für ein Stück ein Feldweg ist, bis er sich zu einem prima befahrbaren Plattenweg wandelt. Wir dürfen für einen Moment unsere Havel aus den Augen verlieren und fahren zwischen Feldern und Wiesen durch die Einsamkeit des Havellandes.

Nach 1 Kilometer kommt ein Waldstreifen immer näher, und wir biegen zusammen mit dem Plattenweg links ab. Weitere 2 Kilometer durch Wiesen und Felder folgen. Ein weiteres Mal biegen wir links ab und fahren nun wieder Richtung Havel, die wir nach 700 Metern wiedertreffen.

Hier können wir die Havel in ihrer ursprünglichen Natürlichkeit erleben; sie verzweigt sich in Altarme, umfließt der Fauna und Flora vorbehaltene Wiesen, um sich hernach wieder zu vereinen. Eine kleine Bank bietet sich für eine Pause an. Wenn uns nach Baden zumute ist, so bekommen wir in 2 Kilometern bei einer offiziellen Havel-Badestelle eine Gelegenheit.

Unser Weg führt uns zunächst in Havelnähe weiter, bis wir nach 1,3 Kilometern auf die **Landstraße L96** stoßen. Wir biegen auf den straßenbegleitenden Radweg nach links ab, kommen in das Dörfchen **Böhne,** überqueren mit einer Brücke den Königsgraben, und direkt an der ersten Abzweigung vor dem weißen Haus biegen wir nach links auf den **Kopfsteinpflasterweg** ab.

Rechts stehen wuchtige Backsteinpfeiler, wir halten uns links und fahren auf das uralte, 350 Jahre zählende Fachwerkhaus, das **Schwedenhaus,** zu. In diesem Haus bereitete der Kurfürst – ebenjener, dessen Denkmal wir in Rathenow besuchten – die Befreiung des von den Schweden besetzten Rathenows vor.

Anschließend passieren wir noch eine alte Fachwerkscheune und stoßen schließlich auf die **Havelstraße,** in die wir links einbiegen. Wir zählen ein paar Einfamilienhäuser, nach dem letzten biegen wir links ein und sehen vor uns die schon angekündigte **Badestelle Böhne an der Havel ❸.** Vier Bänke, ein kleiner Sandstreifen und eine Wiese locken uns an.

Was gibt es Schöneres, als bei einer Radpause die Beine im kühlen Wasser zu erfrischen, auf einer Wiese den Rücken durchzustrecken und im weiten Blau des Himmels den Wolken bei ihrer Reise zuzusehen?

Nach der Erholung geht es weiter auf der Straße, von der kurz danach unser Weg als **Fahrradstraße** abzweigt. Pure Natur, rechts ziehen Felder vorbei, links Baumreihen, die nun verschwinden, damit wir uns wieder dicht an die Havel schmiegen können. Eine weitere Gelegenheit, auf einer Bank Platz zu nehmen und unsere Aufmerksamkeit ganz den gegenüberliegenden Havelauen zu schenken.

Wir bleiben stets auf dem glatten, gut befahrbaren Radweg und radeln zwischen den Feldern. Auf den nächsten 2,4 Kilometern zweigt unser Weg zweimal links ab, und schließlich endet unser Radweg an der quer laufenden asphaltierten **Straße Eichwerder,** in die wir links einbiegen.

Nach 200 Metern vor den Gebäuden erneut nach links, und kurz danach folgen wir dem grünen Radwegzeichen und biegen rechts auf einen Betonweg ab. Wir sind nun im Dorf **Bützer** gelandet.

Die Havel hat uns wieder! Sie begleitet uns auf der linken Seite, immer wieder dürfen wir uns auf Bänken niederlassen oder an Wasserzugängen die Beine kühlen. Die rechte Seite zeigt uns Häuser und Gehöfte, und plötzlich reckt sich der schlanke und hohe Turm der **Ziegelei Witte** in die Höhe.

Am Havelufer liegen die Ruderboote und warten auf ihre Besitzer, um zum Angeln hinauszufahren. Wir radeln am Ufer weiter und biegen am Ende in die **Havelstraße** ab, die uns durch den Ortskern von Bützer führt. Am Stoppschild überqueren wir die L96, die

*Der berühmte **Rathenower Ziegel** verdankt seine rote Farbe dem hohen Eisengehalt. Das 19. Jahrhundert war der Höhepunkt der Ziegelproduktion, das Havelland war übersät mit Ziegeleien. Auch Bützer besaß gleich mehrere Ziegeleien.*

Die Stremme bei Milow

hier Brunnenstraße heißt, und fahren auf der anderen Seite weiter. Nach 100 Metern verschwinden auf der linken Seite die Häuser und machen den Blick frei auf Pferdekoppeln und die am Horizont aufragenden Hügel des Milower Landes: den **Bützer Berg,** den **Vieritzer Berg** und den **Milower Berg.**

Es geht für 1 Kilometer weiter geradeaus, die Häuser werden spärlicher und machen Platz für Wald und weitere Koppeln, und an der Kreuzung, an der unsere asphaltierte Straße nach rechts abbiegt, fahren wir für 300 Meter weiter geradeaus, um an der Abzweigung mit dem Infoschild **„Drei-Wege-Wanderung im Milower Land"** links abzubiegen.

Wir fahren nun im Wald in leichtem Auf und Ab, streckenweise öffnen sich die Bäume und geben den Blick frei auf die Wiesen und Feuchtgebiete des Naturschutzgebietes, das wir nun gemächlich umrunden. Wir passieren die rechts von uns liegenden Berge, zunächst den Bützer Berg, dann den Vieritzer Berg. An der **Gabelung** fahren wir links und treten aus dem Wald hinaus.

Wie schon zuvor folgen Koppeln, Wiesen und einzelne Häuser; wir sind in dem kleinen Weiler **Wolfsmühle** gelandet. Unser Weg führt uns im Schwenk nach rechts zu dem **Havelzufluss Stremme,** den wir überqueren. Auf der rechten Seite folgt eine summende Obstwiese mit alten Apfelsorten – ein Projekt des NABU. Wenn das Gatter offen steht, lohnt es sich, sich im Garten umzuschauen. Unter den Apfelbäumen grasen Zeburinder, und im hinteren Teil ist ein Garten mit alten Pflanzensorten angelegt.

Wir fahren weiter auf dem Plattenweg bis zu einem **Parkplatz am Friedhof.** Wenn wir unsere Fahrradtour noch mit einer Bergbesteigung krönen wollen, so schließen wir unsere Fahrräder hier ab und wandern rechts vom Friedhof hinauf zum **Gipfel des Milower Berges ④.** Wir ahnen es schon – was anderswo Hügelchen genannt wird, heißt im Havelland Berg. Auch der

Milower Berg misst gerade einmal 71 Meter, doch oben warten eine Picknickbank und ein weiter Blick über das Land auf uns.

Wir setzen unsere Tour fort: nach dem Friedhof an der Gabelung geradeaus halten und nach 300 Metern links auf die **Friedensstraße.** Diese führt uns nun im folgenden Verlauf geradewegs durch den Ort **Milow.** Nach 300 Metern erblicken wir links die Sparkasse, die in einer ehemaligen Kirche wohnt. Wo sich einst der Altar befand, stehen nun Geldautomaten. Diese ungewöhnliche Nutzung rettete das Gebäude vor dem Abriss. Zumindest auf die prägnante rote Leuchtschrift sollte verzichtet werden, und so steht nun außen in schlichten schwarzen Lettern „Sparkasse".

Gemütlich radeln wir weiter und entdecken auf den linken Seite nach 400 Metern das charakteristische Logo von Bolle an der **Carl-Bolle-Jugendherberge** ⑤ – der in Milow geborene Meierei-Unternehmer hatte diese Villa zunächst als Sommersitz bauen lassen, um sie

Villa Bolle in Milow

Kassettendecke der Kirche Milow

später als Erholungsheim den Kindern seiner Angestellten zur Verfügung zu stellen.

Wir dürfen neugierig bleiben, denn weitere Entdeckungen stehen uns bevor. Auf der rechten Seite folgt die traditionsreiche Anker-Apotheke, die hier einen **Apothekergarten** ❻ betreibt – den einzigen in Brandenburg. Auf 400 Quadratmetern sind Heilkräuter angepflanzt und nach Themenfeldern sortiert: Nervosität, Leber-Galle, Magen-Darm, Hauterkrankungen, Rheuma, Frauenheilkunde, Harnwege, Venenerkrankungen und viele weitere.

Die alte **Kirche Milow** ❼ mit Deckengemälde und Kanzel bekommen wir dann wieder auf der linken Seite zu Gesicht. Der hübsche Fachwerkbau und die uralten Bäume mit den anschließenden Gemeindegebäuden sind Zeugen vergangener Zeiten und laden uns ein, einen Moment innezuhalten.

Unsere Straße mündet nun in die **Stremmestraße.** Vor uns liegt die Havel, und bevor wir diese der Straße nach halb rechts folgend überqueren, fahren wir in das hinter der Straße liegende denkmalgeschützte **ehemalige Rittergut** aus dem 12. Jahrhundert. Im dort untergebrachten **NABU-Besucherzentrum** 8 können wir unser Wissen über Flora und Fauna des Westhavellandes vertiefen.

Direkt nebenan befindet sich der **Gasthof Milow** 9, hier können wir uns auf einer Terrasse direkt an der Havel stärken.

Nach unserer kleinen Pause geht es nun langsam auf den Rückweg. Wir radeln über die **Havelbrücke,** passieren das Dorf Havelaue und fahren auf der Straße weiter, bis wir nach 1,4 Kilometern in **Premnitz** ankommen und dort gleich an der ersten Ampel links in Richtung Rathenow abbiegen. Wir fahren hier auf einem separaten Radweg an der L102.

Wir erreichen den Ort **Mögelin,** wo wir an der Kreuzung am **Knotenpunkt 51** auf die links vom Radweg parallel verlaufende **Hauptstraße** wechseln. Diese führt uns in sanftem Bogen in und durch das Dorf Mögelin hindurch, um nach 1,2 Kilometern wieder auf die L102 zu treffen. Wir biegen links auf den straßenbegleitenden Radweg ein und erreichen nach knapp 2 Kilometern **Rathenow.**

Nun wählen wir einen Weg durch eine ruhige Wohngegend, um zurück zum Bahnhof Rathenow zu kommen. An der Ampel mit der Bushaltestelle „Zum Hafen" geht es noch einmal 1 Kilometer weiter geradeaus, und an der Kreuzung mit der **Ampel bei den Einkaufszentren** biegen wir rechts in die **Eigendorffstraße** ab. Diese führt uns durch eine Wohnsiedlung. Wir überqueren die Vorfahrtstraße Grünauer Weg, nach 400 Metern passieren wir die Kfz-Durchfahrtsperre und gelangen auf den **Viertellandsweg.**

Noch 800 Meter, und wir biegen mit dem rechts der Straße verlaufenden Radweg nach rechts ab, der uns kurz danach zum rückseitigen Eingang des **Bahnhofs Rathenow** führt. Wir sind am Ziel.

Altstadtinsel
Rathenow
Rathenow West
K 6321
Steckelsdorf
Berliner Straße
L 98
102
188
Genthiner Straße
Rathenower Havel
K 6330
Horstenweg
Eigendorffstraße
Wolzensee
Böhner Chaussee
Havel
L 96
Böhne
Naturschutgebiet Untere Havel Süd
Pappertberg
Königsgraben
Mögelin
Dachsberg
Premnitzer Berg
Am Dachsberg
Mögelliner Chaussee
L 964
Bützer
Havelaue
Milower Straße
Bergstraße
Grenzgraben
Waldstraße
Ernst-Thälmann-Straße
Bützer Berg
Stremme
Friedensstraße
Milow
Premnitz
Döberitz
Vieritzer Berg
Milower Berg
L 96

Alles auf einen Blick

WIE & WANN:
Tour auf Asphalt, Beton, Platten- und Waldwegen. Mit den Badestellen und Wasserzugängen gut geeignet für warme Tage, aber auch schön im Frühjahr und Herbst, wenn die Zugvögel rasten.

HIN & WEG:
Auto: Parkplätze nahe dem Bahnhof Rathenow (GPS: 52.599386, 12.351764)
ÖPNV: Bahnhof Rathenow mit Zugverbindungen nach Berlin und Brandenburg an der Havel

ESSEN & ENTSPANNEN:
Gasthof Milow ❾ Stremmestraße 9, 14715 Milower Land,
Tel. (0 33 86) 21 01 45, gasthof-milow.com

Entspannung ✱✱✱✱✱
Genuss ✱✱✱✱
Romantik ✱✱✱✱

ENTDECKEN & ERLEBEN:
Stadtkirche St. Marien und Andreas ❶ Kirchplatz, 14712 Rathenow
Burgwall Alt-Rathenow ❷
Badestelle Böhne ❸
Milower Berg ❹ Bergstraße, 14715 Milower Land
Carl-Bolle-Jugendherberge ❺ Friedensstraße 21, 14715 Milower Land
Apothekergarten in Milow ❻ Anker-Apotheke, Friedensstraße 105, 14715 Milower Land, Tel. (0 33 86) 28 03 80
Fachwerkkirche in Milow ❼ Stremmestraße 7D, 14715 Milower Land
NABU-Besucherzentrum ❽ Stremmestraße 7, 14715 Milower Land, Tel. (0 33 86) 21 11 66, www.nabu-westhavelland.de

- 46 Kilometer
- 150 Höhenmeter
- 4,5 Stunden
- Rundtour

Am Netzener See

Wir starten am **Bahnhof Götz.** Von hier ist es nicht weit bis zur Havel und dem wunderbaren Havelradweg. Wir überqueren die Gleise und fahren Richtung Norden. Das Dorf Götz begleitet uns noch für 2 Kilometer, dann öffnet sich der Blick. Mit dem Duft der blühenden Rapsfelder in der Nase sehen wir rechts vor uns die Erhebung des Götzer Berges.

Nach 700 Metern gabelt sich der Weg, wir fahren links und sind nun auf dem **Havelradweg.** Vor uns funkelt der Fluss zwischen den Bäumen hindurch, wir radeln bequem auf einem Deich mit schönem Blick über die Felder. Rechts geht die Straße Havelufer ab, wir halten uns weiter geradeaus, und kurz danach verläuft unser Weg direkt an der Havel, nur durch einen Schilf-

Kunst, Kultur, Natur

An der Emster zum Kloster Lehnin

gürtel getrennt. Immer wieder kommen wir zu kleinen Buchten, wo wir herrliche Blicke auf den Fluss geschenkt bekommen.

Die Havel fließt hier sehr naturnah in mehreren Armen und bildet dabei kleine Inseln. Wir erblicken rechts einen kleinen **Unterstand** ❶ und können ein paar Meter auf einem Pfad zum Ufer gehen. Von hier erhaschen wir einen Blick auf das gegenüberliegende slawische Rundlingsdorf **Saaringen,** welches zwischen den Havelinseln hervorlugt. Tipp: Die Tour 13 – Auf Storchentour führt uns auch nach Saaringen.

Der Havelradweg ist in diesem Abschnitt zwischen Werder und Brandenburg einfach wunderbar zu radeln. Rechts glitzert unser Lieblingsfluss mit den

Havelskippern, links reichen die Felder bis zum Horizont. Hier und da bietet sich auch ein Zugang zum Wasser an, wo wir uns ins Gras setzen und unsere Füße baden können.

Wir kommen zu einer **Schleuse ❷**, wo sich ein Unterstand mit einem Herz für Radler befindet – es steht eine fest installierte Luftpumpe zur Verfügung.

An der Schleuse beginnt zudem ein Nebenarm der Havel. Wir radeln auf einem schmalen Damm, links und rechts fließt die Havel, und im Frühjahr stehen die Wiesen unter Wasser. Am Ende des Abschnitts sehen wir drei Poller, hier biegen wir links ab und kommen nach **Gollwitz.**

Die Route unserer Tour geht nun rechts weiter, doch bevor wir hier einbiegen, fahren wir noch ein paar Meter geradeaus. Vor uns ragt der barocke Kirchturm der **Dorfkirche Gollwitz ❸** in den Himmel, der nicht so ganz zu dem gotischen Rumpf aus Feldsteinen passen will. Direkt nebenan, nur durch eine Mauer getrennt, liegt das barocke **Schloss Gollwitz,** in dem sich eine Begegnungsstätte für jüdische und nichtjüdische Jugendliche befindet.

Wir fahren die paar Meter wieder zurück und biegen links ein. Kurz nach dem Dorfende biegen wir am **Knotenpunkt 18** links auf den Radweg an der B1 ab. In einem langen, hohen Bogen bringt uns eine **Brücke** über die Schienen der Eisenbahn, die unter uns liegen. Wenn wir nach rechts schauen, haben wir einen freien Blick über die Felder und zwischendrin verläuft die Fahrradstraße, die wir gleich benutzen werden.

Am Ende der Brücke biegen wir am **Knotenpunkt 30** rechts Richtung Kloster Lehnin/Rietz ab. Wir rollen die Brückenabfahrt hinunter und fahren links auf den Radweg.

Für die Seele

Passagen auf dem idyllischen Havelradweg entlang der Emster zum Vogelparadies Rietzer See und dem Kloster Lehnin. Auszeit im Kunst-Café am Klostersee!

Nach 500 Metern kommen wir zu einer **Schleuse** mit einem überdachten **Rastplatz** ❹. Hier beginnt ein ruhiger Abschnitt unserer Tour. Wir radeln entlang des **Emster Kanals,** der den Rietzer See mit der Havel verbindet.

Nach 2 Kilometern gelangen wir zu einer Brücke und überqueren den Kanal, hier können wir an einem Rastplatz noch einmal Pause machen. Unser Radweg entfernt sich nun langsam vom Kanal, wir radeln durch Felder, an Büschen und Bäumen entlang und erreichen nach 1,5 Kilometern **Rietz.** Es geht an großen Backsteinscheunen und der Dorfkirche vorbei. Nach 900 Metern biegen wir bei dem Schild „NSG Rietzer See" links ein und landen auf einer herrlichen großen

*Die **Emster** war ursprünglich ein kleiner Fluss, der in der Zeit der Tonverarbeitung zu einem Kanal verbreitert wurde, um die Ziegelsteine zur Havel und weiter nach Berlin bringen zu können. Mit dem Ausbau des Bahnnetzes verlor der Kanal dann an Bedeutung.*

Am Rietzer See

Wiese direkt am See mit einem **Rastplatz** und einem **Vogelbeobachtungshaus ⑤**, auch ein Spielplatz befindet sich hier. Die Auflagen des Naturschutzes erlauben es nicht, ins Wasser zu gehen, aber ein hübscher Fleck für eine Pause mit Blick auf den See ist es allemal.

Nach der Pause setzen wir die Fahrt fort; die Häuser von Rietz verschwinden bald und die Landstraße führt uns über eine leichte Anhöhe nach **Prützke.** Wir treffen auf die Straße **Altes Dorf,** biegen rechts in sie ein und gleich hinter der Kirche wieder links auf die Grebser Straße. Am Ortsausgang von Prützke sehen wir rechts einen witzig dekorierten Gartenzaun – er hängt überall voller bunter Vogelhäuschen!

Das ***Naturschutzgebiet Rietzer See*** *ist bekannt für seine Vogelbestände: Neben Kranich und Seeadler sind hier auch Eisvogel, Rotmilan, Weißstorch und Schilfrohrsänger anzutreffen. Der Emsterkanal verbindet den Rietzer See mit dem Netzener und dem Klostersee.*

Auf der Straße hinter Prützke fahren wir auf dem straßenbegleitenden Radweg; rechts geht es einen kleinen Hang hinauf, und auf der linken Seite spiegelt sich die Sonne im kleinen **Görnsee,** in dessen Tiefen der Legende nach ein versunkenes Dorf liegt. Rasch erreichen wir das Ende des Sees, hier können wir eine kleine Pause einlegen. Zum einen informiert uns am Radweg eine Infotafel über die Legende des versunkenes Dorfes, zum anderen lädt uns auf der anderen Straßenseite eine wunderbare **Badestelle 6** mit Sandstrand zu einer Pause ein.

Wir setzen die Fahrt fort und kommen in den Ort **Grebs.** Nach 500 Metern weisen uns Schilder zur Kirche und zum **Museum Dreiseitenhof 7.** Wir folgen den Hinweisen und biegen nach rechts ab. Sodann passieren wir den Museumshof (für einen Besuch bitte Öffnungszeiten prüfen), kurz danach auf der linken Seite die Dorfkirche und anschließend unterqueren wir die A2. Wir folgen der Vorfahrtstraße, und nach 750 Metern verlassen wir Grebs.

Für 3 Kilometer fahren wir nun auf einer breiten, ruhigen Asphaltstraße. Links ziehen Wälder an uns vorbei, rechts folgt Feld auf Feld. Schließlich kommen wir in **Michelsdorf** an. 300 Meter nach dem Ortsein-

Dorfkirche Michelsdorf

gang biegen wir links in die Alte Dorfstraße ein, und nach 250 Metern statten wir der wuchtigen **Dorfkirche Michelsdorf** 8 einen kurzen Besuch ab, die durch den breiten Turm wie aus dem Mittelalter gefallen zu sein scheint. Unser Weg folgt nun der Straße, die vor der Kirche rechts abknickt. An der nächsten Gabelung halten wir uns rechts und gelangen auf die Kietzstraße, nach 350 Metern biegen wir links in die Rädeler Straße ein, und kurz danach kommen wir zur Belziger Chaussee, in die wir wiederum links einbiegen.

Hier beginnt nun ein straßenbegleitender Radweg, der uns nach 1,5 Kilometern nach **Lehnin** führt. Wir bleiben auf der Straße, und am Kreisverkehr nehmen

Kloster Lehnin

Kornspeicher des Klosters Lehnin

wir die dritte Ausfahrt Richtung Groß Kreutz. Nach 1 Kilometer kommen wir zum Marktplatz, wo sich der Eingang zur beeindruckenden **Klosteranlage** ⑨ befindet. Wir können unsere Räder abstellen und zu Fuß durch die Anlage schreiten, oder wir schieben sie hindurch.

Auf der linken Seite dominiert das große aus Backsteinen gemauerte Cecilienhaus mit der sich anschließenden Kirche das Ensemble; wenn wir geradeaus gehen, kommen wir zu dem quer vor uns liegenden, einstöckigen korngelben Elisabethhaus. Auf der rechten Seite duckt sich der Kornspeicher in einer Obstwiese. Nach dem Besuch des Klosters ist es Zeit für eine Stärkung, und das wunderschön am Klostersee gelegene Café ist unser nächstes Ziel. Wir verlassen die Klosteranlage am Parkplatz und gelangen wieder zur Straße, die uns schon bis zum Marktplatz führte. Nun biegen wir links in sie ein. Nach 250 Metern halten wir uns links in Richtung **Damsdorf/Werder,** und nach weiteren 350 Metern fahren wir vor dem Autohaus erneut links ab. Das mit Kunstinstallationen aufwartende **Ufercafé am See** ⑩ kündigt sich mit einer großen Pferdefigur an; hier ist nun der richtige Platz für unsere Auszeit. Auf der Terrasse am See gibt es selbst gemachte Kuchen und Getränke. Auf und neben der Wiese finden sich viele Kunstobjekte sowie -installationen. Beine ausstrecken, in die Stille des Sees hineinhorchen, Wasservögel beobachten und friedlich dösen – verdientes Glück!

*Das **Zisterzienserkloster Lehnin** wurde 1180 kurz nach der Mark Brandenburg gegründet. Der wirtschaftliche Erfolg der Mönche hatte großen Einfluss auf die Entwicklung des Havellandes. Mit seinem Reichtum konnte das Kloster erheblichen Grundbesitz erwerben.*

Nach der Erholung und Stärkung geht es weiter auf unserer Tour. Der Weg führt uns zunächst an Grundstücken vorbei, dann folgen wir dem grünen Richtungspfeil und fahren für 1 Kilometer auf einem unbefestigten Weg im Wald, bis wir zu einem **Rastplatz** am Klostersee gelangen. Von hier aus führt uns der Weg schnell aus dem Wald hinaus und in den Ort **Nahmitz** hinein. An der Vorfahrtstraße fahren wir rechts, unterqueren die A2 und nach 350 Metern folgen wir der Vorfahrtstraße Richtung **Trechwitz.** Dann biegen wir links in die Straße **Am flachen Hahn** ein.

*Bei den **Salzwiesen** am Netzener See ist das Salz aus tiefen Schichten an die Oberfläche gedrungen. Wie an der Küste herrschen hier Pflanzen vor, die an die hohe Salzkonzentration angepasst sind. Die Salzwiesen sind über Wanderwege erreichbar.*

Wenn uns noch einmal nach einer Badepause ist, so können wir bei dem Umspannhaus links in die Straße **Zum tiefen Eck** einbiegen. 300 Meter später geht dann ein Pfad links bei den rot-weißen Pfosten hinunter zum **Netzener See**, wo uns die **Badestelle** ⓫ erwartet.

Zurück auf der Straße, kommen wir nach 500 Metern auf den Weg **Zum Trechwitzer Berg,** in den wir links einbiegen. Noch einmal 250 Meter weiter geht links ein Pfad zu einer Aussichtsplattform ab, von der man einen bezaubernden Blick auf den Netzener See und **Salzwiesen** zwischen dem Netzener und dem **Strengsee** hat.

Nun geht es weiter, die Straße führt uns aus der Siedlung hinaus auf eine Allee, und wir kommen nach **Trechwitz,** wo wir links in die Vorfahrtstraße **Schenkenberger Straße** einbiegen. Wir radeln auf einem straßenbegleitenden Radweg 2,7 Kilometer und erreichen schließlich **Schenkenberg.** In Schenkenberg befindet sich in einer Grünanlage eine Station der **Optischen Telegrafenlinie** ⓬. Eine weitere Station besuchen wir auf unserer Tour 6 – Panoramatour.

Nun haben wir unsere Tour fast beendet. Es geht für 2 Kilometer geradeaus; an der Vorfahrtstraße biegen wir rechts ab und nach 700 Metern links. Noch ein paarmal in die Pedale treten, und wir sind zurück am **Bahnhof Götz.**

Kleine Pause in Nahmitz

Saaringen
Golmberg
Deetzer Erdelöcher
L 91
Weinberg
Klein Kreutz
Brandenburger Osthavelniederung
Götzer Berg
Havel
Naturschutzgebiet Mittlere Havel
Gollwitz
Steinberg
Havelstraße
Götz
Potsdamer Landstraße
Jeserig
Schenkenberger Straße
Schenkenberg
Naturschutz-gebiet Rietzer See
Rietz
Rietzer See
K 6940
Trechwitz
Emsterkanal
Damsd
Prützke
L 88
Netzener See
Görnsee
Netzen
Grebs
Nahmitz
Kloster-see
Mühlen-teich
Lehnin
Belziger Chaussee
Michelsdorf
L 86
Gohlitzsee

Alles auf einen Blick

WIE & WANN:
Die Tour verläuft auf asphaltierten Radwegen und ruhigen Verkehrsstraßen. Ein kurzer Abschnitt auf Waldboden am Klostersee kann bei Nässe matschig werden. Besonders schön im Frühjahr und Herbst zur Vogelbeobachtung, an heißen Tagen im Sommer auf ausreichend Sonnenschutz achten.

HIN & WEG:
Auto: Parkplätze am Bahnhof Götz (GPS: 52.411016, 12.726820)
ÖPNV: Bahnhof Götz mit Bahnverbindungen nach Brandenburg an der Havel und Berlin

ESSEN & ENTSPANNEN:
Ufercafé am Klostersee ⑩ Zum Strandbad 39, 14797 Kloster Lehnin, Tel. (0 33 82) 73 41 00, www.kunstortlehnin.de/ufercafe

Entspannung ★★★★☆
Genuss ★★★☆☆
Romantik ★★★☆☆

ENTDECKEN & ERLEBEN:
Unterstand ❶ **Rastplatz Schleuse Havel** ❷
Dorfkirche Gollwitz ❸ Schlossallee 103, 14776 Brandenburg an der Havel
Rastplatz Schleuse Emster Kanal ❹
Rastplatz und Vogelbeobachtungshaus Rietzer See ❺ Prützker Straße 16, 14797 Kloster Lehnin
Badestelle Görnsee ❻
Museum Dreiseitenhof ❼ Dorfanger 12, 14797 Kloster Lehnin, Tel. (0 33 82) 74 15 72, www.grebserdreiseitenhof.de
Dorfkirche Michelsdorf ❽ Alte Dorfstraße, 14797 Kloster Lehnin
Kloster Lehnin ❾ Klosterkirchplatz, 14797 Kloster Lehnin
Badestelle Trechwitz ⓫
Optische Telegrafenlinie Schenkenberg ⓬ Zum Telegraphenberg, 14550 Groß Kreutz (Havel)

Bronzeskulptur in Baumgartenbrück

Wir starten unsere Tour am **Hauptbahnhof Potsdam.** Zunächst müssen wir aus dem städtischen Potsdam herausfahren: Vor dem Bahnhof halten wir uns links, überqueren die breite **Heinrich-Mann-Allee** und fahren dann links weiter. Wir überqueren die Bahngleise und biegen im Anschluss rechts in die **Leipziger Straße** ein. Nach 1 Kilometer geht es dann rechts in die **Templiner Straße,** die uns durch die **Templiner Vorstadt** führt.

Wir passieren dabei die unter Denkmalschutz stehende **Siedlung Cecilienhöhe,** die 1903 vom Arbeiter-Bauverein-Potsdam errichtet wurde. Finanziert wurde die Siedlung von Kronprinzessin Cecilie, die Bewohner nannten die Siedlung dennoch respektlos „Zickenhöhe“.

Am Straßenrand wird es nun zunehmend grüner. Wir fahren am backsteinernen Eingangstor zur Halbinsel **Hermannswerder** vorbei, die der evangelischen Hermann-Hoffbauer-Stiftung gehört und die dort ein Gymnasium sowie Pflegeeinrichtungen betreibt.

Unmittelbar danach geht es auch schon auf einem straßenbegleitenden Radweg ins Grüne. Rechts von uns schimmert immer wieder der von der Havel durchflossene **Templiner See** durch das Blätterwerk hindurch. Für 2,5 Kilometer radeln wir an der Uferkante entlang, dann kommen wir zum **Waldbad Templin (1).** Es hat einen großen Sandstrand und als Familienbad außerdem auch Sport- und Spaßangebote wie Wakeboardanlage, Tretbootverleih und Wasserrutsche im Angebot.

Ab in den Süden

Templiner und Schwielowsee

Der Weg geht weiter am Ufer durch den Wald, und nach 1 Kilometer kommen wir in den Ort **Caputh.** Der Name hat einen slawischen Ursprung und wird mit langem u – „Capuuuuth“ – gesprochen. Am Ortseingang, nicht weit von unserer Tour entfernt, liegt das **Einsteinhaus** ②.

Die Straße führt uns auf das **Schloss Caputh** ③ und die neben ihm liegende **Dorfkirche Caputh** ④ zu. Das Schloss wurde vor 350 Jahren erbaut und ist das älteste erhaltene Lustschloss aus der Zeit des großen Kurfürsten Friedrich Wilhelm zu Brandenburg; es kann besichtigt werden. Der Besuch des Schlossparks ist frei. Hinter dem Schloss gehen wir zum Ufer und finden dort Bänke für eine Pause, wo wir die Beine ruhen und die Blicke über den See wandern lassen.

*Caputh ist auch bekannt durch **Albert Einstein,** der sich hier sein Sommerhaus bauen ließ und bewohnte. „Komm nach Caputh, pfeif auf die Welt“, sagte er zu seinem Sohn.*

Die **Dorfkirche** gegenüber vom Schloss ist jüngeren Datums, sie wurde von Friedrich August Stüler entworfen und 1852 erbaut. Sie erinnert an italienische Kirchengebäude; auch sie kann besichtigt werden.

Unsere Straße heißt hier **Straße der Einheit,** wir fahren sie noch 250 Meter weiter, dann biegen wir rechts ab – die Schilder weisen uns den Weg Richtung Fähre und Strandbad Caputh. Wir fahren durch einen grünen Ortsteil und landen schließlich an der Fähre. Hier haben wir mehrere Möglichkeiten zur Einkehr – das charmante **Café Heimath** ⑤ mit Kaffee und Kuchen, links neben der Fähre das **Eiscafé Portofino** ⑥, wo man das Eis im Pavillon mit Blick auf die Fähre genießen kann, und auf der anderen Seite der Straße das Restaurant **Fährhaus Caputh** ⑦, ebenfalls mit Sitzplätzen am See.

Es macht Spaß, hier eine Pause einzulegen und dem Hin und Her der **Fähre Caputh–Geltow** mit dem lustigen Namen Tussy II zuzuschauen, wie sie unermüdlich Fußgänger, Radfahrer und Autos über die Havel befördert. Das gegenüberliegende Ufer ist nah, die Fahrstrecke kurz, denn der Templiner See verjüngt sich hier wieder zur Havel.

Mit der Fährüberfahrt hat man übrigens auch die Möglichkeit, das gegenüberliegende **Seebad Caputh** 8 aufzusuchen.

Auf unserer Seite der Havel geht es nun weiter nach Ferch, unserer nächsten Station. Die Uferpromenade ist leider nur für Fußgänger vorgesehen, also fahren wir die Straße der Einheit ein paar Meter zurück und biegen in die **Weinbergstraße** ein. Nach 400 Metern geht es rechts in die Schwielowseestraße, auf der wir nach 1,1 Kilometern Caputh verlassen.

Unsere Fahrt geht jetzt wieder am Ufer entlang, diesmal begleitet uns der **Schwielowsee,** der mit dem nördlich liegenden uns bereits bekannten Templiner See durch die Havel verbunden ist.

Der Weg ist auch hier angenehm schattig, ab und an bekommen wir zur rechten Seite Blicke auf den See geschenkt, wie er friedlich hinter dem Schilfgras glitzert.

Je näher wir dem Ort Ferch kommen, desto mehr steigt das Gefälle auf der linken Seite an. Wir befinden uns am Fuße des **Wietkiekenbergs,** der mit 124 Metern höchsten Erhebung in diesem Gebiet, der sogenannten Zauche. Der Name des Bergs sagt schon alles, aber da-

Für die Seele

Templiner See und Schwielowsee sind wegen ihrer naturnahen Ufer und einer Vielzahl von Sehenswürdigkeiten beliebte Ausflugsziele und ein echter Genuss.

Badespaß am Schwielowsee

mit man auch wirklich weit gucken kann, befindet sich oben noch eine Aussichtsplattform, mit der der Blick dann auch über den bewaldeten Gipfel ragt.

Der Berg steht nicht auf unserem Programm, unser Weg verläuft ebenerdig. Da, wo die Route Senken durchquert, schweben wir auf Stegen bequem darüber hinweg. 3,5 Kilometer hinter Caputh kommen wir nun in **Ferch** an.

Gleich am Ortseingang befindet sich das **Strandbad Ferch** (9) in bester Lage mit weitläufiger Liegewiese. Das Wasser ist weich und seidig, der Sandstrand flach. Wie ist das schön, sich im See treiben zu lassen und auf die hügelige und bewaldete Uferlinie zu schauen!

Der kleine Pavillon des Strandbads versorgt uns mit einem Imbiss und Getränken, bevor wir entspannt und gestärkt weiterziehen. Wir kommen an der **Bootsklause** und am **Spielplatz** mit Liegewiese vorbei, dann schwenkt der Weg rechts über einen Holzsteg und führt uns in ein hübsches Waldstück. Wir umfahren hier das Südende des Schwielowsees und kommen zum **Hotel & Restaurant Haus am See** (10) mit großem, schattigem Biergarten am Seeufer.

Auch dieser Uferweg ist nur Fußgängern gestattet, also radeln wir ein Stück die Straße entlang und biegen in die Vorfahrtstraße Fercher Straße ein. Nach 750 Metern kommen wir zum **Japanischen Bonsaigarten** ⑪. Ein lohnenswerter Besuch! Wir tauchen ein in die Welt der japanischen Gartenkultur, uns empfängt ein Ort der Harmonie und Stille. Wir können im Teehaus eine Pause einlegen, den köstlichen Tee genießen und dabei die liebevoll und harmonisch arrangierte Gartenkunst bewundern. Ein Rundweg verläuft auf verschlungenen Pfaden durch die kleine Idylle und schenkt uns immer wieder neue Perspektiven auf die hübschen Pflanzen.

Kurz nach dem Bonsaigarten erreichen wir das Ortsende von Ferch. Ab jetzt verläuft der Radweg links der Straße. Wir sind nun auf der anderen Seite des Sees, der Weg führt uns hügelauf, hügelab. Rechts unter uns die Autostraße, links von uns folgt Feld auf Feld. Nach 500 Metern sehen wir rechts zwei dicke Türmchen, die einem Portal gleich den Einlass in den

Japanischer Bonsaigarten Ferch

*Die in Petzow seit Jahrhunderten ansässige **Gutsbesitzerfamilie Kaehne** prägte die Entwicklung des Ortes maßgeblich. Initiiert durch Carl Friedrich August Kaehne, wurde zwischen 1820 und 1860 das Ensemble Park, Schloss und Kirche geschaffen.*

von Lenné gestalteten Schlossgarten des **Schlosses Petzow** ⑫ markieren. Da nun das Radeln im Park offiziell nicht erlaubt ist, könnten wir an der Straße weiterfahren und an der Zelterstraße abbiegen, doch das würde uns des Vergnügens des Parkbesuchs berauben. Der Weg durch den Park ist nicht weit und lohnt durchaus auch für einen Spaziergang, also schieben wir das Rad die 500 Meter. Wir kommen dabei über die **Bogenbrücke** (ein kleines steinernes Brückchen) und sehen dann schon das Schloss uns orange entgegenleuchten.

Nach so viel Kultur ist es Zeit für eine erholsame Pause. Das Tor links vom Schloss führt uns aus dem Schlossgut heraus und wir kehren in das gemütliche **Café Drei Kaehne** ⑬ ein, das sich im Gebäude der ehemaligen Schule befindet. Wir können uns entscheiden, wo wir Kaffee und Kuchen verspeisen wollen: vor oder in dem Gebäude oder im lauschigen Garten hinter dem Haus. Ein Ort der Ruhe, ein perfekter Platz, um auszuspannen.

Bevor wir Petzow verlassen, wollen wir noch einen Blick vom Turm der **Kirche Petzow** ⑭ wagen, sie liegt die Straße geradeaus auf einer kleinen Erhöhung namens **Grelleberg.** Die nach Entwürfen von Schinkel erbaute Kirche passt sich wunderbar in das Landschaftsbild ein und befindet sich in der Sichtachse zum Schloss. Der Turm steht elegant neben dem Kirchengebäude. Das Gebäude ist übrigens von der Kirche entwidmet und wird nunmehr für kulturelle Veranstaltungen genutzt. Für die **Besteigung des Turms** ist 1 Euro zu entrichten, dann geht es die Stiegen hinauf. Der letzte Meter ist etwas steil, und wer dann mehr kletternd als steigend aus der Bodenluke auftaucht, kann die Erleichterung kaum verbergen. Doch die endlosen Blicke über grüne Hügel und glitzerndes Wasser belohnen uns für die Mühe.

Nun sollen endlich die Räder wieder rollen. Von der Kirche hinab fahren wir links. Wir kommen am **Sanddorn-Garten Petzow** vorbei – übrigens auch mit einer schönen Sitzgelegenheit am Wasser, dem Glindower See – dann fahren wir auf dem Radweg an der Straße Richtung Potsdam/Geltow. Nach 1,3 Kilometern kommen wir zu einem Kreisverkehr. Wir fahren rechts und überqueren die **Baumgartenbrücke** über die Havel, die hier vom Schwielowsee kommend nach Werder und weiter zum großen Zernsee führt. Vom Kreisverkehr und der Brücke hat man großartige Blicke nach **Geltow** und Werder, doch Obacht: Hierfür müssen wir die Straßenseite wechseln, die bisweilen zügig befahren wird.

Wir befinden uns nun in Geltow und müssen von der Straße scharf rechts zum Ufer und Fuße der Brücke hinabfahren. Unten erwartet uns ein Aussichtspunkt mit großen **Fischotter-Skulpturen,** die einst an dem Vorgängerbau der Brücke standen und von Windhundfiguren komplettiert wurden. Im Schatten von Bäumen und Brücke liegt hier auch das traditionsreiche **Ausflugslokal Baumgartenbrück ⑮,** seit 1826 in Familienbesitz. Wir fahren links und entdecken die großen **Holzfiguren** Felix Krone und Felicitas Krone des Berliner Künstlers Albrecht Klink, sie stehen am Wegesrand und schauen glücklich auf den See. Als 2009 eine alte Eiche an dieser Stelle gefällt werde sollte, wurde der Künstler beauftragt, den toten Stamm in Felix zu verwandeln. 2018 kam dann seine Gefährtin Felicitas hinzu. Nach 1,3 Kilometern treffen wir auf eine Vorfahrtstraße und fahren links, 300 Meter später an der nächsten Einmündung halten wir uns rechts.

Es folgt der letzte Abschnitt unserer Tour, wir radeln auf der Westseite des Templiner Sees wieder zurück zum Potsdamer Hauptbahnhof. Der Weg führt uns dabei die meiste Zeit wunderbar schattig am Ufer entlang.

Nach 1 Kilometer können wir an einer kleinen **Badestelle** mit zwei Bänken noch einmal eine Erfrischungspause einlegen, die Füße kühlen und auf den See schauen.

Wir fahren mitten durch einen **Campingplatz** hindurch und danach an der Einmündung halb rechts weiter. Nach der Durchquerung einer Unterführung kommen wir in das Gebiet des ehemaligen **Luftschiffhafens.** Im Jahr 1912 erbaut, stand hier für kurze Zeit die größte Luftschiffhalle Deutschlands, bereits 1920 wurde sie wieder abgerissen. Große, moderne Gebäude des Kongresshotels Potsdam liegen nun hier vor Anker, sie sollen in ihrer Form an die Luftschiffe erinnern. Die **Zeppelin-Bar** am Wegesrand kann uns mit Getränken und Kuchen weiterhelfen, falls wir auf den letzten Kilometern unserer Tour noch einer Kräftigung bedürfen.

Das Gelände des Luftschiffhafens ist weitläufig. Wir passieren die große **Sportanlage Luftschiffhafen,** die vor nun fast 100 Jahren hier errichtet wurde, und kommen nach 1 Kilometer zu einer **Aussichtsplattform am See.** Gegenüber sehen wir die Halbinsel Hermannswerder, deren Eingangsportal wir vorhin auf der Hinfahrt gesehen hatten.

Nun geht es noch einmal für 1 Kilometer am Ufer weiter, das Stadtbild Potsdams tritt in Erscheinung. Wir kommen an einer **Strandbar** vorbei, dann umfahren wir das Haus des Segelvereins Potsdam. Hinter dem Haus geht es weiter rechts Richtung Zentrum.

Wir durchqueren einen grünen Uferpark, dann gelangen wir auf die Straße **Auf dem Kiewitt.**

Die Stadt hat uns wieder, jetzt müssen wir nur noch zurück zum Bahnhof. Wir halten uns geradeaus und nach der Unterführung an der Kreuzung halb rechts durch den Park mit dem **Schneckenspielplatz,** bis wir wieder am Ufer sind. An der Weggabelung fahren wir den Weg mit dem grünen Richtungspfeil, der uns zur **Breite Straße** führt. Hier geht es rechts auf den straßenbegleitenden Radweg. Wir fahren 1 Kilometer geradeaus, überqueren an der **Lange Brücke** die Havelkanäle und sehen links von uns den **Bahnhof.** Wir sind am Ziel!

Skulptur Felicitas Krone in Baumgartenbrück

Potsdam
Babelsberg
Tiefer
Brandenburger Vorstadt
Potsdam West
Vorderkappe
Hinterkappe
Brauhausberg
Teltower Vorstadt
Nuthestraße
Templiner Vorstadt
Schlaatz
Waldstadt I
Waldstadt II
Templiner Straße
Kieskutenberg
Michendorfer Chaussee
Templiner See
Templin
Kleiner Ravensberg
Großer Ravensberg
Großer Zernsee
Großer Plessower See
Werder (Havel)
Havel
Kellerberg
Großer Entenfängerberg
Wildpark
Zeppelinstraße
Schäfereiberg
Geltow
Glindow
Glindower See
Berliner Chaussee
Petzinsee
Am Schwielowsee
Glindower Alpen
Petzow
Caputh
Caputher See
Schwielowsee
Fercher Straße
Bachtenberg
Kammerode
Flottstelle
Wilhelmshorst
Michendorf
Ferch
K 6910
K 6952
K 6906
K 6909
K 6905
L 90
L 78
L 40
L 77

WIE & WANN:
Ganzjährig befahrbar, fast durchgängig asphaltiert. Mit den langen schattigen Abschnitten und den Bademöglichkeiten perfekt an warmen Tagen, aber mit dem vielseitigen kulturellen Angebot auch für kühle Tage geeignet.

HIN & WEG:
Auto: Freie Parkplätze in Potsdam sind selten! Parkhäuser in Bahnhofsnähe befinden sich in der Babelsberger Straße 16 (GPS: 52.392755, 13.064781) und in der Friedrich-Engels-Straße 101 (GPS: 52.390919, 13.065231).
ÖPNV: Hauptbahnhof Potsdam mit Bahnverbindungen nach Berlin, Brandenburg an der Havel, Wustermark

ESSEN & ENTSPANNEN:
Café Heimath ❺ Straße der Einheit 86, 14548 Schwielowsee, Tel. (03 32 09) 84 80 75
Eiscafé Portofino ❻ Weinbergstraße 2, 14548 Schwielowsee
Fährhaus Caputh ❼ Straße der Einheit 88, 14548 Schwielowsee, Tel. (03 32 09) 7 02 03
Haus am See ❿ Neue Scheune 19, 14548 Schwielowsee, Tel. (03 32 09) 7 09 55
Café Drei Kaehne ⓭ Zelterstraße 10, 14542 Werder (Havel)
Ausflugslokal Baumgartenbrück ⓯ Baumgartenbrück 4, 14548 Schwielowsee, Tel. (0 33 27) 5 52 11

ENTDECKEN & ERLEBEN:
Waldbad Templin ❶ Templiner Straße 110, 14473 Potsdam
Einsteinhaus ❷ Am Waldrand 17, 14548 Schwielowsee, Tel. (03 31) 27 17 80
Schloss Caputh ❸ Straße der Einheit 2, 14548 Schwielowsee, Tel. (03 32 09) 7 03 45
Dorfkirche Caputh ❹ **Seebad Caputh** ❽ Zum Strandbad 1, 14548 Schwielowsee
Strandbad Ferch ❾ Dorfstraße 41A, 14548 Schwielowsee
Japanischer Bonsaigarten ⓫ Fercher Straße 61, 14548 Schwielowsee
Schloss Petzow ⓬ Zelterstraße 5, 14542 Werder (Havel) **Kirche Petzow** ⓮

Entspannung ★★★★☆
Genuss ★★★★★
Romantik ★★★★★

Durstige Bäume bitten um Havelwasser

- 18 Kilometer
- 120 Höhenmeter
- 2 Stunden
- Rundtour

Wir starten unsere Radtour in **Krampnitz,** einer zu Potsdam gehörenden Siedlung südlich der Döberitzer Heide, rollen den **Rotkehlchenweg** nach Sacrow hinab und passieren ein paar Stichstraßen, welche zu Gehöften und zum See führen. Die dörfliche Bebauung von Krampnitz verschwindet, und vor uns liegt eine große Wiese mit Pferden. Rechts hinter der Wiese glitzert der mit der Havel verbundene **Krampnitzsee,** und links von der Wiese wie auch dahinter beginnt ein herrlicher Laubwald. Unsere Straße führt uns im großen Bogen um die Wiese herum, und nun müssen wir etwas in die Pedale treten, um den kleinen Anstieg zu meistern. Wir sind nun eingetaucht in den **Königswald** und radeln wieder sanft hinab. Die Straße führt uns immer näher an den Krampnitzsee heran, und nach 1 Kilometer erreichen wir eine kleine **Stelle am See (1),** ein toller Platz zum ersten Verweilen. Das Blätterdach über uns, den Duft des Waldes in der Nase und der friedlich glitzernde See vor uns, ist das ein schöner Start in die Tour heute!

Wir radeln für 400 Meter weiter direkt am See entlang und kommen dann zu einer **Abzweigung.** Die asphaltierte Straße biegt nach links ab und schlängelt sich einen kleinen Hügel hinauf, wir aber passieren einen Schlagbaum und fahren geradeaus auf einem **Waldweg** weiter, immer direkt am See entlang.

Nach 650 Metern gelangen wir an die **Römerschanze (2)** genannte kleine Erhebung. Wir können unsere Räder abstellen und die paar Meter hinaufgehen (zum

*Das 801 Hektar große **Naturschutzgebiet Königswald** liegt an der Döberitzer Heide und wird im Süden und Osten von der Havel umflossen. Das hügelige Gebiet ist weitgehend mit Laubmischwäldern und Kiefernforsten bewaldet. Mitten im Wald liegt der Sacrower See.*

Wälder und Seen

Durch den Königswald nach Sacrow

Auf der Römerschanze

Hinaufradeln ist es zu steil). Die Römerschanze ist ein bewaldeter Hügel mit einer kleinen Senke in der Mitte und einem Pfad rundherum – als wäre es ein erloschener Minivulkan im Auenland. Im Frühjahr quillt der Boden über vor Bärlauch. Ein entzückender Platz für eine Pause! Picknickdecke ausrollen, den Wölkchen beim Wandern zuschauen und das Rascheln der Bäume hören – was braucht es mehr für einen Moment des Glücks?

Zurück bei unserem Rad, fahren wir den Waldweg weiter. Bei Abzweigungen halten wir uns an die Schilder „Mauerweg" und grüner Richtungspfeil. Nach 1 Kilometer blitzt rechts zwischen den Blättern wieder das Wasser durch; dieser Abschnitt ist der **Sacrow-Paretzer Kanal,** der uns bis nach Sacrow begleiten wird.

Das Blätterwerk öffnet sich für einen Moment und macht Platz für eine kleine Lichtung mit durstigen Jungbäumen. Dem Wunsch können wir nachkommen und mit den dort bereitgestellten Gießkannen Wasser vom Ufer schöpfen und es den Bäumen zu trinken zu geben.

Nach 750 Metern kommen wir zum **Riesterhorn ③,** einer kleinen Landspitze mit Blick auf den Sacrow-Paretzer Kanal, der sich hier zum Jungfernsee verbreitert. Im Sommer kann der Blick zum Wasser recht zugewachsen sein. Wir radeln weiter am Ufer entlang und gelangen nach 650 Metern zu dem Parkgelände von **Schloss Sacrow ④**. Wir betreten den Park durch ein kleines **Gatter** und radeln gemütlich über den Parkweg immer am Wasser entlang, an sich im Wind wiegen-

*Die **Römerschanze** genannte 19 Meter hohe Erhebung ist eine ehemalige Wallburg. Zuerst besiedelt wurde der Platz ca. 1250–550 v. Chr., später im 8./9. Jahrhundert wurde eine Slawenburg errichtet. An die Burganlage erinnert heute nur noch der Ringwall.*

Für die Seele

Das Glitzern der Seen und das Aroma der Wälder. Romantische Waldwege mit großartigen Ausblicken führen uns zur zauberhaften Heilandskirche an der Havel.

*Die **Sacrower Gartenlandschaft** wurde ab 1840 im italienischen Stil von König Friedrich Wilhelm IV. gestaltet. Zu der Anlage gehören das Herrenhaus, die am Wasser liegende Kirche mit Turm, der von Lenné gestaltete Park und eine tausendjährige Eiche.*

den Schilfhalmen vorbei und unter mächtigen Parkbäumen hindurch. Als wir kurz vor der italienisch anmutenden **Heilandskirche** ⑤ angekommen sind, entdecken wir rechts eine steinerne Bank, die **Römische Bank,** deren Entwürfe auf die Granitbank des verschütteten Pompeji zurückgehen. Hier – wie auch gleich vom Platz der Heilandskirche aus – überwältigt das Panorama, das sich vor uns entfaltet. Auf den glitzernden Wellen des Jungfernsees tanzen die Boote, Segel knattern im Wind, und der Horizont erstreckt sich vom Glienicker Park über die Glienicker Brücke bis zum Neuen Garten.

Nun stehen wir auf dem wunderschönen kleinen Platz mit Turm und Gebäude der Heilandskirche, einem idyllischen, geschichtsträchtigen Ort. Das Kirchengebäude – halb auf Land, halb im Wasser – wirkt wie ein vor Anker gegangenes Schiff. Auch hier bieten sich wieder Bänke zum Verweilen, Betrachten und Sinnieren an. Großartig ist es aber, den orangefarbenen **Säulengang** mit blauen Fliesen entlangzuschlendern, sich dort an die Kante zu setzen, um Beine und Seele baumeln zu lassen.

Wir verlassen diesen eindrucksvollen Ort zwischen Turm und Kirchenschiff und setzen unsere Fahrt fort, dem Uferweg folgend. Nach 350 Metern endet der Parkweg an einem **Gatter,** das wir durchqueren. Wenn wir hier ein paar Meter nach rechts gehen, kommen wir zur **Anlegestelle.** Dort – am Ende des Steges – dürfen wir noch ein letztes Mal der Havel unsere Aufmerksamkeit schenken, und wir werden mit einem wunderbaren Blick auf die Heilandskirche belohnt. Die Anlegestelle wird übrigens vom Potsdamer Wassertaxi angefahren, das Potsdam mit den Sehenswürdigkeiten an der Havel verbindet.

Wir fahren die Straße von der Anlegestelle zurück. Rechts von uns liegt die Halbinsel **Meedehorn** mit äu-

Fliesendekor an der Heilandskirche

Idyllische Gartenhäuser
der Halbinsel Meedehorn

ßerst begehrten Kleingärten. Hier wartet auch das **italienische Gartenlokal Giardino** 6 mit einem kleinen Imbiss auf uns – besonders die Kuchen und Salate sind empfehlenswert. Die idyllischen Parzellen mit Obstbäumen und die liebevoll gepflegten romantischen Gartenhäuser machen die jahrelangen Wartezeiten auf solch ein Refugium des Glücks nachvollziehbar.

Die Route führt uns weiter auf die **Krampnitzer Straße.** Wir fahren rechts, folgen der Straße und überqueren eine kleine Brücke, um schon nach 200 Metern links in den **Weinmeisterweg** einzubiegen. Nach weiteren 100 Metern liegt auf der rechten Seite das beliebte Ausflugslokal **Rittersaal** 7 mit gutbürgerlicher Küche. Der Name ist Programm – innen befindet sich ein dem 13. Jahrhundert nachempfundener Rittersaal, außen dagegen ein entspannter Gartenbereich.

*Der **Sacrower See** liegt inmitten des Naturschutzgebietes Königswald, mit 36 Metern ist er ungewöhnlich tief. Das Befahren mit Booten ist verboten, und obgleich es an vielen Stellen Zugänge zum See gibt, ist das Baden nur an ausgewiesenen Plätzen geduldet.*

Wir folgen dem Weinmeisterweg, bis er im Wald endet. Dort wechselt der Bodenuntergrund – nun liegen Waldwege vor uns, meistens gut befahrbar, nur an manchen Stellen lassen die Wurzeln der Bäume unsere Räder hüpfen. Der Weg schwenkt nach rechts und wir sehen Wasser durch die Blätter blitzen – wir haben den Sacrower See erreicht.

Der Weg führt uns nun am See entlang; links der See, rechts die Hügel des Waldes. Nach 500 Metern führt uns der Weg an einen schönen Platz am See. Hier bietet sich eine prima Gelegenheit für ein Picknick.

Nach unserer kleinen Erholung setzen wir uns wieder aufs Fahrrad und folgen dem Weg. Hier dürfen wir ruhig langsam fahren, um den Geräuschen und Gerüchen des Waldes Aufmerksamkeit zu schenken – und um den Spaziergängern ihren Raum zu lassen. Nach 1 Kilometer wendet sich der Weg vom See ab und führt uns leicht den Hang hinauf zu einer **Wegkreuzung.** Wir folgen dem grünen Richtungspfeil und halten uns links. Nach 400 Metern an der Gabelung geht es erneut dem grünen Pfeil folgend nach links. Kurz danach kommen wir aus dem Wald, unser Weg

Wasserzugang am Sacrower See

ist auf der linken Seite von Gartenzäunen begrenzt – wir nähern uns Groß Glienicke. An der nächsten **Wegkreuzung** fahren wir links und gelangen auf eine gepflasterte Stichstraße, die uns auf die **Seepromenade** führt. Wir fahren die Straße zunächst nach links, denn in 300 Metern wartet der **Badestrand des Sacrower Sees** **8** auf uns. Er befindet sich hinter dem Restaurant Landleben, welches leider nur noch für Veranstaltungen zur Verfügung steht. Nach der Badepause geht es dann zurück auf die Seepromenade. Nach 600 Metern folgt eine Einmündung rechts; wir bleiben auf der Seepromenade, halten uns links und gelangen zum nächsten – und letzten – See auf unserer Tour, dem **Groß Glienicker See.**

Die Straße führt nun leicht bergauf, links und rechts besäumt mit Villen. Nach 1 Kilometer schließlich findet sich rechts eine offizielle Badestelle am

Groß Glienicker See. Charmant und empfehlenswert ist dort das kleine **Café Seeperle** 9 mit sehr gutem Kaffee, Kuchen und kleinem Imbiss.

Erfrischt und gestärkt machen wir uns nun auf zur letzten Etappe. 200 Meter nach der Badestelle biegen wir links in die **Bergstraße,** kreuzen die Sacrower Allee und folgen der Bergstraße bis zum Ende. Der Asphalt endet, der Weg geht als Pfad weiter und führt uns nach einer Rechts- und einer Linkskurve an die **B2** mit straßenbegleitendem Radweg heran. Nach 2,5 Kilometern verläuft der Weg leicht hangabwärts, wir müssen etwas die Bremsen kontrollieren, denn vor uns taucht eine **Querstraße** auf, in die wir links einbiegen. Wir sind wieder in **Krampnitz,** dem Ausgangspunkt unserer Tour. Nach 200 Metern biegen wir rechts in den Rotkehlchenweg ein und sind am Ziel.

Eiscafé Seeperle am Groß Glienicker See

Mühlenberg
L20
2
Bergstraße
Groß Glienicker See
Seepromenade
Groß Glienicke
Krampnitzberg
2
P
Kramp-nitz
Straße nach Sacrow
Krampnitzer Weg
Krampnitzer Weg
Rehberg
Naturschutzgebiet Sacrower See und Königswald
Krampnitzsee
Lehnitzsee
Straße nach Sacrow
Sacrower See
Fuchsberge
Zedlitzberg
Weinberg
Kladower Straße
Sacrow-Paretzer Kanal
Sacrow
Sacrower Lanke
Schwarzer Berg
Krampnitzer Straße
Meedehorn
Schlosspark Sacrow
Havel
Potsdam
Jungfernsee
Glienicker Park
2
Pfingstberg
1
2
3
4
5
6
7
8
9

Alles auf einen Blick

WIE & WANN:
Wenig befahrene Straßen und Waldwege. Bei trockener Witterung ganzjährig befahrbar. Auch an sonnigen Tagen zu empfehlen, da überwiegend schattig.

HIN & WEG:
Auto: Parkmöglichkeiten im Rotkehlchenweg am Friedhof in Krampnitz (GPS: 52.457979, 13.058292). Krampnitz liegt nördlich von Potsdam an der B2 zwischen Nedlitz und Groß Glienicke.
ÖPNV: Keine direkte Anbindung an die Strecke. Der nächste Bahnhof ist Marquardt (Entfernung: 8,5 Kilometer). Von dort Verbindungen nach Potsdam und Wustermark

ESSEN & ENTSPANNEN:
Mehrere Picknickmöglichkeiten am Krampnitzsee, auf der Römerschanze und am Sacrower See. Picknickdecke nicht vergessen!

Gartenlokal Giardino ❻ Am Meedehorn 2, 14469 Potsdam, (03 31) 27 37 45 70
Rittersaal ❼ Weinmeisterweg 1, 14469 Potsdam, (03 31) 50 38 55, www.ritter-sacrow.de
Badestelle & Café Seeperle ❾ Seepromenade 13a, 14476 Potsdam, www.seeperle-gg.de

ENTDECKEN & ERLEBEN:
Stelle am See ❶ am Krampnitzsee
Römerschanze ❷ **Riesterhorn** ❸
Schloss Sacrow ❹ Krampnitzer Straße 33, 14469 Potsdam
Heilandskirche Sacrow ❺ Fährstraße, 14469 Potsdam
Badestelle Sacrower See ❽ Seepromenade 99, 14476 Potsdam

Entspannung ✱✱✱✱✱
Genuss ✱✱✱ (3 von 5)
Romantik ✱✱✱✱✱

Storchennest in Radewege

- 40 Kilometer
- 70 Höhenmeter
- 3,5–4 Stunden
- Rundtour

Unsere Tour beginnt in **Brandenburg an der Havel** am **Dom St. Peter und Paul.** Der kürzeste Weg zum Beetzsee verläuft nördlich über die Domstrengbrücke zum Grillendamm, wir erlauben uns aber einen kleinen Umweg über das Ufer des Packhofs und können dabei gleich ein paar Waldmöpse in freier Wildbahn sehen.

Wir fahren südlich über die Straße **Domlinden** und weiter auf dem **Mühlendamm** auf den **Mühlentorturm** zu. Dieser Turm ist einer der ehemals acht Stadttürme von Brandenburg und steht zwischen Neustadt und Dominsel. Noch auf der Dominsel können wir rechts an der Bäckerei am Brunnen einen Waldmops sehen, und am Mühlstein vor dem Turm entdecken wir einen weiteren.

Rechts vom Mühlentorturm erstreckt sich eine Parkanlage mit einem Uferweg, den wir nun benutzen, und fahren dabei direkt am Wasser. Gleich zu Beginn öffnet sich der Weg zu einer ausladenden Terrasse mit bequemen Liegestühlen, danach passieren wir das Restaurant **Zum Bootshaus.** Hinter dem Restaurant fahren wir dann in den Park hinein; rechts sehen wir eine weitere Figur von Loriot auf einer Bank sitzend das Wasser betrachten.

Der Weg führt uns um das Packhofgelände herum, rechts können wir auf einer Plattform auf die Jahrtausendbrücke schauen, zu der wir gleich radeln werden. Der Weg führt uns noch an der Bronzeskulptur **Undine** vorbei, welche die Märchenfigur aus dem gleichnamigen Roman des hier geborenen Schriftstellers Fried-

*Die **Waldmöpse** sind Figuren, die auf einen Sketch des gebürtigen Brandenburgers Loriot zurückgehen. Als Hommage an den großen Humoristen wurden ein „Waldmopszentrum" geschaffen und 26 Skulpturen im Stadtgebiet aufgestellt.*

Auf Storchentour

Vom Beetzsee zu den Haveldeichen

Altstädtisches Rathaus
Brandenburg mit Rolandfigur

rich Baron de la Motte Fouqué darstellt. Gelebt hat Fouqué übrigens im Schloss Nennhausen, das wir auf unserer Tour 4 – Trappen und Dörfer sehen. Hinter der Skulptur geht es rechts zum Restaurant Werft und auf die **Jahrtausendbrücke,** die wir überqueren. Hier auf der anderen Seite, links in der Nähe der alten Klosterkirche St. Johannis, sind übrigens gleich mehrere Waldmöpse versteckt!

Nach der Brücke fahren wir geradeaus auf der **Ritterstraße** weiter (auf die Straßenbahnschienen achten). Wir sind hier in der historischen Altstadt von Brandenburg und lassen wohlwollend das hübsche, unverfälschte Straßenbild mit authentischem Kopfsteinpflastergerüttel auf uns einwirken – nicht verzagen, es ist nur ein kurzes Stück!

Die Ritterstraße führt auf die Plauer Straße, hier biegen wir rechts ab.

Wir erreichen den **Altstädtischen Markt** (1) mit dem **Rathaus** und der 5 Meter hohen **Rolandfigur,** die bereits im Jahr 1474 erschaffen wurde und seitdem die Freiheit des Bürgertums symbolisiert. Vor dem schlanken und hohen Frontportal des Rathauses in spätmittelalterlicher Backsteingotik sehen wir einen weiteren Waldmops, wie er neugierig den plätschernden Wasserstrahlen des Marktbrunnens zuschaut.

Unser Weg führt nun weiter leicht links versetzt am Rathaus vorbei. Für etwa 500 Meter geht es geradeaus, dann gibt es endlich wieder glatten Asphalt. Vor der **Homeyenbrücke** biegen wir links ab und radeln nun

Für die Seele

Entlang der Storchenroute zu den Sehnsuchtsorten an Beetzsee und Havel – schöne märkische Dörfer und Naturbadestellen lassen das Herz höherschlagen.

an der Havel. Das städtische Bild liegt hinter uns, die Havel öffnet sich zum Beetzsee. Nach 1,2 Kilometern müssen wir an der Brücke den **Silokanal** überqueren; hierzu geht es zunächst ein kurzes Stück zurück und dann auf der Brielower Straße hinüber auf die andere Seite. Am folgenden Kreisverkehr rechts Richtung Regattastrecke. Wir kommen zu einem Parkplatz und geradezu hinter dem Parkplatz (rechts auf den Schienenweg, dann gleich links) befindet sich das **Strandbad Massowburg** (2), ein bei den Brandenburgern beliebter Badeplatz mit Sandstrand, Spielplatz und Volleyballfeldern.

Am Parkplatz führt uns nun der Fritze-Bollmann-Weg nordwärts. Es geht für 2,3 Kilometer auf einer sehr ruhigen, kleinen Straße entlang an Kleingärten auf der einen und Feldern auf der anderen Seite, dann macht der Weg eine Linkskurve. Nun noch 1 Kilometer, bis wir zum **Knotenpunkt 25** an Bahngleisen kommen. Hier biegen wir rechts in Richtung Brielow ab. Für 500 Meter geht es an den Schienen entlang, dann führt uns ein idyllischer Rad-/Fußweg in das Örtchen Brielow. Am **Knotenpunkt 78** machen wir einen kurzen Abstecher zur **Schwedenlinde** (3) an der Kirche: Es geht nach links auf die Hauptstraße für 500 Meter. Durch ein schmiedeeisernes Tor rechts vom Bürgerhaus gelangt man auf das Kirchengelände. Vor der Kirche steht die unübersehbare Linde mit einem Stammumfang von über 11 Metern.

*Die 500 Jahre alte **Schwedenlinde** von Brielow bekam ihren Namen, als ein gefallener schwedischer Offizier von seiner Geliebten hier beerdigt wurde. Seit 1880 wird die Krone des Baumes mit Ketten und Gurten gesichert, um ein Auseinanderbrechen zu vermeiden.*

Die Schwedenlinde in Brielow

Wir fahren auf der Hauptstraße zurück zum Knotenpunkt 78 und dann links Richtung Lünow/Radewege. Ein straßenbegleitender Radweg führt uns nach 2 Kilometern in einen hübschen Birkenhain und direkt danach in

Die Bockwindmühle von Ketzür

das Dorf **Radewege** am Beetzsee. Das Ortsschild mit Storchenbild stimmt uns ein – wir radeln hier auf dem Storchenradweg, und auch Radewege hat ein Storchennest zu bieten.

Es geht idyllisch in Seenähe weiter und der Wind trägt die Gerüche und Geräusche des Wassers zu uns.

In Radewege kommen wir an zwei Lokalitäten vorbei, die einen Stopp lohnen. Zunächst das **Hof-Café am See (Göpelhütte)** ④ mit leckerem Kuchen und Kaffee, dann das Lokal **Freunde der See** ⑤ mit guten Speisen und Blick auf den See.

Direkt hinter dem Lokal ist der **Knotenpunkt 26.** Hier fahren wir links, dann die nächste Straße rechts und zweigen links auf die Straße **Am Hasselberg** ab. Wir fahren ruhig und abseits des Verkehrs durch ein Waldstück, bis wir nach 1 Kilometer in die Butzower Dorfstraße einbiegen. Wir kommen nach **Butzow,** und hier müssen wir kurz nach der Backsteinscheune auf der rechten Seite zwischen den Häusern ein paar Meter zum See hinabfahren und biegen dann links auf den Radweg in Ufernähe ein.

Der Weg ist traumhaft, er führt uns durch Waldstücke hindurch und an versteckten Weihern entlang. Wir hören Storchenschnäbel klappern und Frösche quaken. Verzückt nutzen wir die Picknickbank, um innezuhalten und diesen Augenblick zu genießen. Nichts stört den puren Naturgenuss, nichts ist zu viel, nichts fehlt für den Glücksmoment. Zum Schluss geht es dann nach einer Links- und Rechtskurve in den nächsten hübschen Ort hinein – **Ketzür!**

Am **Knotenpunkt 29** in Ketzür entscheiden wir uns, zunächst die alte, unter Denkmalschutz stehende **Bockwindmühle** ⑥ zu besuchen. Hierzu fahren wir über die Kreuzung geradeaus. Wir kommen an der alten Backsteinscheune der **Lohnmosterei Ketzür** vorbei, dann geht es halb rechts und vor der nächsten Backsteinscheune wieder links. Vor dem blauen Haus führt dann ein Weg hindurch zur Mühle.

*Die **Bockwindmühle Ketzür** stand ursprünglich in Potsdam (Bornim) und wurde 1862 in Ketzür neu aufgebaut. Bis 1955 in Betrieb, verfiel das Gebäude in der Folge und wurde schließlich 2007 restauriert.*

Blick aus dem Beobachtungsturm zwischen Ketzür und Lünow

Eine kleine Bank bei der Mühle lädt zum Verweilen ein, auch eine Picknickdecke kann uns auf der Wiese einen herrlichen Platz für eine Pause bereiten. Wenn uns allerdings nach einer Abkühlung zumute ist – der nächste Badestrand ist nicht weit!

Zurück am Knotenpunkt 29, fahren wir noch ein paar Meter rechts und kommen zu der urigen **Dorfkirche von Ketzür 7.** Der Grundbau wurde im 14. Jahrhundert errichtet, in den folgenden Jahrhunderten kamen dann Turm und Fachwerkanbauten hinzu. Eine Umrundung der Kirche lohnt, die Mischung der verschiedenen Baustile fasziniert.

Nun aber endlich weiter zur Badestelle! Am Knotenpunkt 29 fahren wir Richtung Lünow/Mötzow und durchqueren den Ort Ketzür mit seinen Backsteinscheunen sowie alten und neuen Wohnhäusern. Am Ende der Straße wartet wieder der Beetzsee auf uns, wir fahren links und kommen zur **Badestelle Ketzür 8** mit dem Ausflugslokal **Zum Seeblick.** Auf der großen Wiese heißt es endlich Beine ausstrecken und die Entspannung genießen.

Dörfliche Idylle in Lünow

Die Strecke führt nun an der Badestelle vorbei auf einer asphaltierten ehemaligen Bahntrasse quer durch die Natur. Nördlich liegen Erdelöcher, die durch den Abbau von Ton entstanden.

Unsere Trasse verläuft leicht erhöht durch die Landschaft, wir kommen zu dem **Beobachtungsturm Kranichland** 9, von dem wir einen tollen Blick über die Landschaft und die Vogelwelt haben. Um uns herum vernehmen wir nur die Geräusche der Natur, das Rauschen der Blätter, das Zirpen der Grillen und die Melodien der Singvögel. Wir gelangen dann zu einer kleinen Brücke, die den Kanal überspannt, welcher den zweiten mit dem dritten Beetzsee (Oberer Beetzsee) verbindet. Auch hier von der Brücke bezaubert der Blick in das Land.

*Der **Beetzsee** besteht aus drei Teilen, die über Kanäle verbunden sind. Die Seenkette liegt in einer eiszeitlichen Rinne, die von Brandenburg an der Havel bis nach Groß Behnitz reicht.*

Kurz nach der Brücke kommen wir zu einer Straße und dem **Knotenpunkt 74.** Bevor wir dem Weg geradeaus Richtung Roskow folgen, machen wir noch einen Abstecher nach links in das Dorf **Lünow** mit der **Möweninsel.**

Der Dorfanfang folgt unmittelbar, wir fahren weiter und geradeaus in die Straße mit dem Sackgassenschild. Rechts sehen wir die Kirche und ein bildhübsches Backsteinhaus und kurz danach geht es links zu einer ruhigen **Badestelle** ⑩ am See. Mitten im See liegt die Möweninsel, die einst Deutschlands größte Kolonie von Lachmöwen beherbergte.

Hier können wir noch einmal ausruhen und Kraft tanken, bevor wir nun zur Havel weiterfahren, um dann in die Stadt Brandenburg zurückzukehren.

Mit ausgeruhten Beinen geht es aus Lünow zurück zum Knotenpunkt 74, wir biegen links Richtung Roskow ab. Nach 400 Metern zweigt dann unser Radweg links ab. Wie zuvor verläuft der Weg entlang einer ehemaligen Bahntrasse, es rollt sich bequem und harmonisch zwischen Feldern hindurch. Nach 2,3 Kilometern müssen wir die L91 überqueren. Ein mit einer Lokomotive bemaltes Umspannungshäuschen erinnert uns daran, dass vor langer Zeit ein Netz von Bahnlinien die Orte miteinander verband. Nun treffen wir auf den quer laufenden Weg von **Roskow** nach Weseram. **Wer in Roskow sein Auto parkt, steigt hier in die Tour ein.** Wir biegen rechts ab, und es geht nun südlich zwischen Äckern und kleinen Waldstücken Richtung Havel. Auch hier verläuft die Strecke gerade, wir passieren kleine Baumgruppen. Wir kommen zu ein paar Scheunen, der Ort **Weseram** kündigt sich an. An der quer laufenden Bahnhofsstraße fahren wir ein paar Meter nach links und dann gleich wieder rechts weiter. Rasch sind wir aus dem Ort heraus und fahren auf die Havel zu, die sich durch einen Baumstreifen am Horizont andeutet.

Mit einem Mal sind wir am Haveldeich, unser Radweg verläuft nach der Rechtskurve geradeaus, Birken säumen den Weg, spenden aber wenig Schatten. Nach 1 Kilometer erreichen wir **Saaringen.** Bevor wir rechts dem Schild nach Brandenburg/Klein Kreutz folgen, fahren wir links in das Dorf hinein. Saaringen ist ein auf slawische Siedlungsformen zurückgehendes Rundlingsdorf, und als Ort ohne

Auszeit genießen in Saaringen

Durchgangsverkehr herrscht hier entspannte Ruhe. Gegenüber der ockergelben Dorfkirche befindet sich ein toller **Platz für eine Auszeit 11.** Ein paar Ruderboote glucksen im Wasser, Libellen am Uferrand, ein kleiner Spielplatz, Bänke und eine schattige Wiese. Ein Lieblingsplatz, ein Platz zum Verlieben.

Eigentlich will man hier nicht wieder weg – trösten wir uns jedoch damit, dass auch das Loslassenkönnen eine Tugend ist und dass noch ein paar großartige Eindrücke auf uns warten.

Wir fahren zurück an der Kirche vorbei und am Wegweiser nun geradeaus Richtung Brandenburg/ Klein Kreutz. Bei der folgenden Abzweigung geht es links auf den Radweg, wir nähern uns einem bewaldeten Hügel, dem **Weinberg.** Kurz vor diesem Hügel nehmen wir den etwas längeren, aber viel schöneren Weg links, der uns um den Weinberg herumführt. In der Ferne leuchtet noch einmal das Ockergelb der Saaringer Dorfkirche, dann geht es rechts wunderbar romantisch durch ein Waldstück, bis wir nach 600 Metern auf die quer laufende **Klein Kreuzer Havelstraße** treffen. Hier fahren wir jetzt nicht rechts, sondern **geradeaus** weiter.

Ein kleiner Pfad führt uns auf einem Naturweg durch einen dicht mit Bäumen bestandenen **Havel-Bruchwald,** das Grün wuchert von allen Seiten, links und rechts des Weges gluckert es.

Wir verlassen das Feuchtgebiet und landen auf der Klein Kreutzer Havelstraße, biegen rechts ab und an der Kirche links auf die **Klein Kreuzer Dorfstraße.** Der **Knotenpunkt 71** zeigt uns den Weg nach Brandenburg a.d. Havel. Der Radweg bringt uns dann zügig voran, nach 2,5 Kilometern müssen wir links fahren, um wieder an die Verkehrsstraße zu kommen. Die letzten 1,5 Kilometer fahren wir nun im städtischen Umfeld auf einem Radweg und überqueren drei Kanäle, bis wir wieder auf der Dominsel in der Stadt Brandenburg angekommen sind.

Im Bruchwald vor Klein Kreutz

Brandenburg an der Havel
Altstadt
Nord
Dom
Massowburg
Mötzower Vorstadt
Krakauer Vorstadt
Silokanal
Görden
Hohenstücken
Brielow
Ziegelei
Schwarzer Berg
Radewege
Radewege Erdelöcher
Hasselberg
Butzow
Beetzsee
Beetz-see
Ketzür
Lünow
Oberer Beetzsee
Roskow
Weseram
Saaringen
Klein Kreutz
Kiekeberg
Weinberg
Wasenberg
Langmathenberg
Havel
Naturschutzgebiet Mittlere Havel
Wust
Gollwitz
Steinberg
Götz
Götzer Berg
Jeserig
L 981
L 98
L 911
L 91
L 92
K 6941
6940
102
1

Alles auf einen Blick

WIE & WANN:
Ganzjährig befahrbar auf fast durchgehend asphaltierten Wegen.

HIN & WEG:
Auto: Parkmöglichkeiten am Grillendamm in Brandenburg (GPS: 52.417084, 12.566481). Bei Pkw-Anreise aus Nauen/Falkensee/Spandau ist auch ein Toureinstieg bei Roskow möglich: Parkmöglichkeiten in Roskow am Alten Bahnhof (GPS: 52.474074, 12.710986) und dann dort am Knotenpunkt 75 Richtung Lünow/Weseram starten.
ÖPNV: Der Hauptbahnhof Brandenburg ist nur 2 Kilometer vom Startpunkt entfernt, von dort Bahnverbindungen nach Berlin und Rathenow

ESSEN & ENTSPANNEN:
Hof-Café am See ❹ Dorfstraße 51/52, 14778 Beetzsee, Tel. (03 38 36) 2 02 71 31
Freunde der See ❺ Zur Ablage 9, 14778 Beetzsee, Tel. (01 76) 40 71 03 70

ENTDECKEN & ERLEBEN:
Altstädtischer Markt in Brandenburg ❶ Altstädtischer Markt 10, 14770 Brandenburg an der Havel
Strandbad Massowburg ❷ An der Regattastrecke 1, 14772 Brandenburg an der Havel
Schwedenlinde in Brielow ❸ Hauptstraße 39, 14778 Beetzsee
Bockwindmühle Ketzür ❻ Unter den Linden, 14778 Ketzür
Dorfkirche Ketzür ❼ Ketzürer Dorfstraße 31, 14778 Beetzseeheide
Badestelle Ketzür ❽
Beobachtungsturm Kranichland ❾
Badestelle Lünow ❿
Picknickplatz Saaringen ⓫

Entspannung ★★★★☆
Genuss ★★★★☆
Romantik ★★★★☆

Idyllischer Steg
am Lochower See
30 Kilometer
110 Höhenmeter
3 Stunden
Rundtour

Unser Startpunkt ist der Parkplatz kurz vor der **Kirche Ferchesar.** Wir fahren auf der Dorfstraße Richtung Nordosten, die Straße gabelt sich vor der Kirche, wir nehmen den **linken Weg.** Kurz hinter der Kirche führt links ein Pfad hinab zum Ferchesarer See zur **Badestelle Ferchesar** ①. Wir dürfen unsere Tour doch mit einer Badepause beginnen, ohne großartig geradelt zu sein, oder? Zurück auf der Dorfstraße fahren wir den Weg weiter. Nach der Talsohle geht es nun ein Stück bergauf über Kopfsteinpflaster.

An der Abzweigung Campingplatz fahren wir geradeaus nach **Lochow.**

Das hügelige Gelände, das wir schon von unserem Startpunkt kennen, setzt sich hier fort. Unser Weg führt uns glatt und sicher in leichten Kurven über sanfte Anstiege und Abfahrten hinweg durch den Wald.

Nach 2,5 Kilometern taucht rechts zwischen den Bäumen der Lochower See auf, und auf der rechten Seite findet sich auch ein Weg zum See mit einem **kleinen Steg.** Hier sind wir ungestört, können uns auf den Steg setzen, um Beine und Seele baumeln zu lassen.

Wir kommen zu einer Weggabelung, halten uns rechts und schon erscheint auch das Dorfschild **Lochow.**

Lochow begrüßt uns mit hübschen kleinen Backstein- und Einfamilienhäusern, die sich heimelig an die Straße schmiegen. Hinter dem Briefkasten und dem Parkplatz geht rechts ein Weg ab, der uns zu einer kleinen **Badestelle am Lochower See** ② führt.

!

Wenn man Richtung Campingplatz fährt, kann man die Tour abkürzen und radelt wunderbar auf dem Wassersupper Weg durch den Wald. An der Fußgängerbrücke vor Wassersuppe trifft man dann wieder auf unsere Tour.

Havellands Perle

Rund um den Hohennauener See

Neben einer überdachten Sitzgelegenheit finden sich noch weitere Bänke, und an einem Baum hängen Seile, an denen sich die Mutigeren unter uns mit Begeisterung in den See schwingen können.

Nach unserer Badepause am Lochower See fahren wir zurück zur Dorfstraße, biegen rechts in sie ein und setzen unsere Fahrt fort.

Das Dorfende kommt so plötzlich wie der Dorfanfang: Vor uns erstreckt sich eine weite Heidelandschaft. Unser Weg biegt hier rechts ab.

Wir fahren jetzt auf einem Plattenweg; für das leichte Geholper werden wir durch die freie und unverbrauchte Landschaft entschädigt. Rechts von uns verläuft hinter einem Schilfstreifen wieder ein für diesen Landstrich so typischer Entwässerungskanal; links auf den Wiesen flattern Schmetterlinge.

Nach 1,2 Kilometern führt der Weg auf eine Allee mit knorrigen Bäumen zu. Wir folgen dem grünen Pfeil, biegen links ab und kommen nach 300 Metern zu einem Kanal – dem **Großen Havelländischen Hauptkanal.**

Die breite Wasserstraße wurde zur Entwässerung des südöstlich gelegenen Havelländischen Luchs im Jahr 1718 gebaut, sie fließt durch den Witzker See, den wir auch noch besuchen werden.

Eine Brücke führt uns über den Kanal; ein Angler sitzt am Ufer und holt kleine wie große Fische heraus. Unser Weg führt weiter, wir kommen in einen Wald und nach 700 Metern biegen wir links ab auf einen **Forstweg.** Falls dieser je nach Jahreszeit nicht gut befahrbar sein sollte – nicht verzagen: Nach nur 500 Metern treten wir aus dem Wald hinaus und gelangen auf einen Plattenweg. Nach weiteren 700 Metern am **Knotenpunkt 84** fahren wir geradeaus nach Wassersuppe und Witzke weiter, und ab hier ist der Straßenbelag wieder unwiderstehlich glatt.

Bis auf ein Gebäude am Waldrand sind wir hier ganz allein in der freien Natur, versehentlich scheuchen wir Graugänse und Kraniche auf, die sich mit lautem Trompeten und Geschrei neue Rastplätze suchen.

Wir gelangen in einen Wald, Vogelgezwitscher umgibt uns. Ab und an öffnet sich der Blättervorhang und wir können uns an saftigen Wiesen und Feldern erfreuen.

Nun erreichen wir **Witzke.** Bei dem Stromverteilerhaus können wir zunächst links in die Straße fahren, um zu dem Witzker See zu gelangen. Hinter dem Wendehammer führt ein Feldweg auf eine einfache, kleine **Naturbadestelle** zu. Leider ist der hier befindliche Unterstand etwas verfallen.

Für die Seele

Von der Perle des Havellandes durch einsame Wiesen und Felder rund um den Hohennauener und Witzker See.

Badestelle Hohennauener See

Zurück am Stromverteiler fahren wir links in **Richtung Hohennauen/Wassersuppe.** Wir befinden uns auf einer breiten, ruhigen Landstraße und fahren an einzelnen Höfen und Wohnplätzen vorbei, bis wir nach knapp 3 Kilometern links einen Feldweg erblicken. Am Ende dieses Feldweges erkennen wir eine kleine Brücke, die über den Großen Havelländischen Hauptkanal führt, der sich unmittelbar danach in den Hohennauener See ergießt.

Wir fahren weiter und erreichen **Wassersuppe.** Dort knickt die Vorfahrtstraße nach rechts ab, wir ignorieren den ebenfalls nach rechts weisenden Radfahrpfeil und fahren geradeaus in die **Straße mit dem Kopfsteinpflaster** hinein.

Nach 500 Metern halten wir uns links und kommen zum **Rastplatz Wassersuppe ❸.** Wir können uns an die kleine Kaimauer setzen und den Booten auf dem Wasser zusehen oder wir machen es uns auf den Bänken am Unterstand bequem.

Nach der Pause fahren wir nicht die Kopfsteinpflasterstraße zurück, sondern geradeaus auf den Feldweg und biegen nach 500 Metern links auf den mit Bäumen bestandenen Weg ab.

Dieser führt uns kurz danach auf einen Pfad auf dem Deich.

Hier radeln wir traumhaft, links raschelt das Schilf, es duftet nach Sommer. Auf der rechten Seite liegen Felder, die nach und nach kleinen Datschen Platz machen. Stege führen hinaus in den See.

Nach 2 Kilometern endet der Deich, und kurz danach gelangen wir zu einem Campingplatz. An einer Wegkreuzung gabelt sich unser Weg, wir wählen den kleineren linken Pfad durchs Gebüsch und kommen kurz danach zur **Badestelle Hohennauen ❹.**

Hier finden sich eine Liegewiese und ein Sandstrand zum Beineausstrecken, ein Kinderspielplatz und das **Fischrestaurant Strandgut ❺.** Hier auf der Terrasse, den Blick auf Strand und See, gut versorgt mit

Speisen und Getränken, können wir wieder entspannen und Kraft tanken, so fühlt sich Urlaub an!

Gut gestärkt ziehen wir nun weiter. Unsere Route führt an einem Sportplatz vorbei und trifft auf die Straße **Am Mühlenweg.** Hier halten wir uns links, müssen unser Rad aber schieben (Einbahnstraße) – das spart uns die Umfahrung. Wir treffen unmittelbar auf die **B102/ Rhinower Straße,** biegen links hinein und folgen ihr.

Auf der linken Seite sehen wir die **Kirche von Hohennauen** mit ihrem wuchtigen Backsteinturm. Hinter der Kirche können wir auf einem Radweg auf der linken Seite fahren und überqueren erneut den Großen Havelländischen Hauptkanal, der hier schlicht „Hohennauener Wasserstraße" heißt und ein paar Hundert Meter weiter westlich in die Havel mündet.

Nach 400 Metern biegen wir links in die **Hohennauener** Straße ein. In 3 Kilometern Entfernung erreichen wir Semlin, vorher erblicken wir auf der linken Seite Schloss Lötze mit seiner Appartementanlage.

Semlin ist größer als die typischen Dörfer des Havellandes. Wir fahren, bis wir auf die Dorfstraße treffen. Wir erblicken die Fachwerkkirche und fahren links in die **Dorfstraße,** die sich zu einem hübschen Anger erweitert. Einstöckige Wohnhäuser – teils mit hübschem Stuck – blicken auf die Wiese in der Mitte. Die Straße führt uns bis zum See hinunter; hier gibt es Bänke und ein weiteres Fischrestaurant. Die **Badestelle Semlin am Bauerndeich** **6** findet sich in 200 Metern rechts.

Nach unserer Pause fahren wir zurück, passieren den Dorfanger und die Kirche und biegen direkt links ab auf die **Ferchesarer Straße.**

Die Straße führt uns langsam zum Ortsausgang, dort liegt auf der rechten Seite der Golfplatz.

Wir folgen dem Lauf der Straße, sie führt uns in das zunehmend hügelige Gelände. Ab und an zwinkert uns der See von unten zu, bis wir nach 1,6 Kilometern **Ferchesar** erreichen. Wir fahren an Ferienbungalows vorbei, und nach 600 Metern kommt links das **Eiscafé Am See** ⑦ an der Dranseschlucht. Hier überredet uns das selbst gemachte Eis zu einer Pause. Rechts geht ein Weg hinunter zum See mit der idyllischen **Badestelle Dranseschlucht** ⑧.

Schließlich kommen wir zum **Knotenpunkt 85;** wir fahren auf die Vorfahrtstraße und weiter geradeaus auf die Kirche zu – wir haben unser Ziel erreicht.

Badestelle Semlin

Badestelle Dranseschlucht im Frühjahr

Kossäthenberg
K 6331
Großer Graben
Witzke
Lochow
Witzker See
K 6322
Großer Havelländischer Hauptkanal
K 6322
102
Wasser-suppe
Hohennauen
Pareyer Straße
Hohennauener See
Hohennauener Wasserstraße
K 6320
Hohennauener Straße
Semlin
Dorfstraße
Havel
Rhinower Landstraße
Semliner Chaussee
Hüttenberge
Ferchesarer Straße
Leuenberg
Ferchesarer See
Semliner Weg
Ferchesar
K 6317
Trintsee
188

Alles auf einen Blick

WIE & WANN:
Die Tour führt überwiegend über asphaltierte oder glatt gepflasterte Nebenstraßen. Einzelne kurze Abschnitte verlaufen auf holprigen Plattenwegen oder als Pfad auf dem Deich. Breite Reifen sind zu empfehlen. Am besten bei trockener Witterung, ganzjährig befahrbar. Am schönsten an warmen oder heißen Tagen im Sommer (auf Sonnenschutz achten).

HIN & WEG:
Auto: Parkplätze vor der Kirche in Ferchesar (GPS: 52.655607, 12.446604)
ÖPNV: Keine direkte Anbindung an die Strecke. Der nächste Bahnhof ist Nennhausen (Entfernung: 8,5 Kilometer, Anfahrt über Stechow). Von dort Bahnverbindungen nach Rathenow und Berlin

ESSEN & ENTSPANNEN:
Fischrestaurant Strandgut ❺ Am Hohennauener See 2, 14715 Seeblick, Tel. (03 38 72) 7 01 34, www.fischrestaurant-strandgut.de
Eiscafé am See ❼ Semliner Weg 6, 14715 Stechow-Ferchesar, Tel. (03 38 74) 6 02 30

ENTDECKEN & ERLEBEN:
Badestelle Ferchesar ❶
Badestelle Lochower See ❷
Rastplatz Wassersuppe ❸
Badestelle Hohennauen ❹
Badestelle Semlin ❻ am Bauerndeich
Badestelle Dranseschlucht ❽ in Ferchesar

Entspannung ✱✱✱✱✱
Genuss ✱✱✱✱✱
Romantik ✱✱✱✱✱

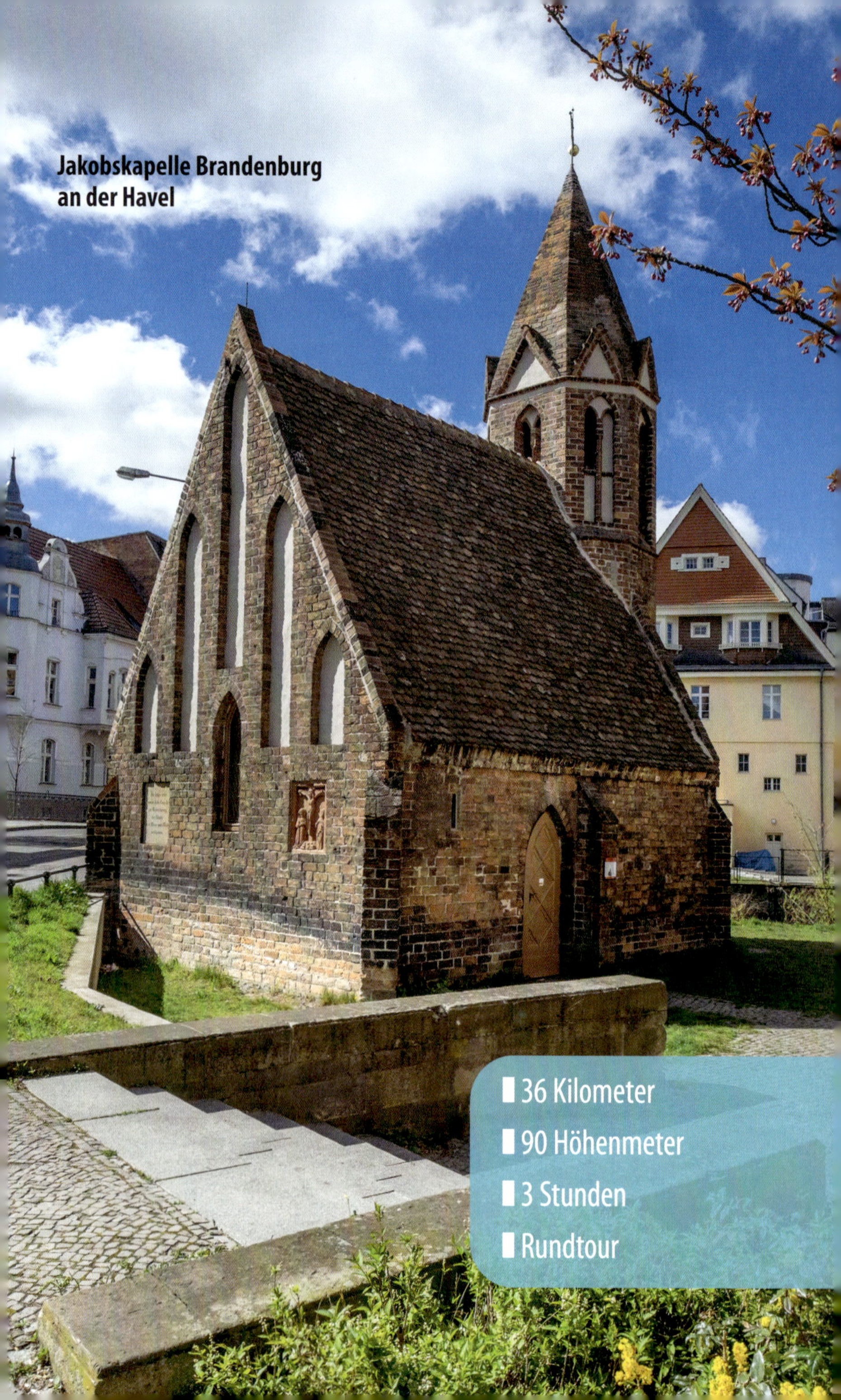

Jakobskapelle Brandenburg an der Havel

- 36 Kilometer
- 90 Höhenmeter
- 3 Stunden
- Rundtour

Wir starten am **Hauptbahnhof Brandenburg.** Die ersten Kilometer unserer Tour werden wir aus der Stadt hinausradeln in Richtung Wilhelmsdorf. Wir überqueren an der Fußgängerampel die Straße, durchqueren die Bahnhofspassage zwischen den beiden großen, modernen Gebäuden und gelangen auf die **Kleine Gartenstraße.** Nach 350 Metern biegen wir links in die **Kirchhofstraße,** überqueren die Große Gartenstraße mit den Tramschienen und danach die Bauhofstraße. Unser Weg knickt kurz nach rechts weg, dann kommen wir zur **Jakobstraße,** in die wir links einbiegen.

Direkt vor uns liegt die überraschend deplatziert wirkende **Jakobskapelle** ①, im Volksmund Verrückte Kapelle genannt.

Bevor wir weiterfahren, wenden wir den Blick zurück in die Straße, aus der wir kamen, und sehen am Ende den mächtigen Steintorturm.

Wir überqueren den **Jakobsgraben** und fahren für die nächsten 4,5 Kilometer nach Wilhelmsdorf geradeaus. Zunächst kreuzen wir nach 500 Metern die Otto-Sidow-Straße (hier aufpassen – nicht mit dem Radweg rechts abbiegen). Nach 1,6 Kilometern überqueren wir den Fluss Plane, der aus dem Hohen Fläming stammt und ein paar Hundert Meter weiter im Breitlingsee mündet.

Hinter der Brücke wechselt der Radweg auf die linke Seite, unsere Straße heißt nun Ziesarer Landstraße.

Das städtische Antlitz der Stadt Brandenburg liegt hinter uns, hier sind wir schon im Grünen. Waldstrei-

*Die **Jakobskapelle** (14. Jahrhundert) in Brandenburg lag ursprünglich außerhalb der Stadt, doch als 1892 die Jakobstraße einen neuen Verlauf bekam, war die Kapelle im Weg. Also wurde die Kapelle auf einem eingeseiften Schlitten zentimeterweise beiseitegerückt.*

Der Radweg am Breitlingsee

fen und Einfamilienhäuser wechseln sich ab, eine Holzbrücke führt uns über den Sandfurthgraben und links erstreckt sich der bewaldete **Krugpark.**

An der nun folgenden Ampel sind wir in **Wilhelmsdorf** angelangt, wechseln an der Ampel die Straßenseite und biegen in den rechts abgehenden Schmöllner Weg ein.

Für 1,5 Kilometer führt uns der Weg zunächst an ein paar Häusern, dann an einem Wald vorbei, bis er nach links Richtung Malge/Kirchmöser abbiegt. Wenn uns nach einer Stärkung zumute ist, so können wir, bevor wir der Abbiegung folgen, noch ein paar Meter geradeaus zum Ausflugslokal **Buhnenhaus** ② fahren. Hierbei überqueren wir ein weiteres Mal die Plane, bevor sie ihr Wasser dem Breitlingsee spendet. Das traditionsreiche Restaurant hat einen großen Biergarten und bietet deutsche Küche.

Nach der Pause im Lokal geht es das kurze Stück zurück, und wir fahren auf den Radweg Richtung Malge/Kirchmöser. Hier beginnt eine wunderbare Strecke! Unser Radweg führt fernab vom Autoverkehr leicht oberhalb des direkt neben uns liegenden Sees entlang; vergnügt schmiegt er sich in das abwechslungsreiche Gelände. Hier lassen wir uns Zeit, hier wollen wir verweilen und nicht eilen: Wir kommen an zwei Gelegenheiten für kurze oder längere Pausen vorbei; nach 1,2 Kilometern findet sich eine **kleine Badestelle** ③ und nach weiteren 700 Metern eine **große Badestelle** ④ mit Sandstrand. Abkühlen, ausstrecken,

Für die Seele

Die Seenlandschaft vor den Toren Brandenburgs beeindruckt mit zauberhaften Badestellen und dem Charme alter Industriekultur.

Badestelle Malge

den raschelnden Baumwipfeln beim Tanz zusehen – und uns die Zeit schenken, um diesen Moment mit Glück zu füllen.

Wenn wir dann weiterradeln, so führt uns der Weg zum Campingplatz Malge direkt zum Breitlingsee. Gleich zu Beginn finden wir das **Ausflugslokal Malge** 5 mit großem Biergarten direkt am Wasser. Serviert werden märkische Küche, Grillspezialitäten und natürlich Fischgerichte.

Unser Weg verläuft nun rechts von Eisenbahnschienen, entlang von Feuchtgebieten in Seenähe, mal den Blick auf das Wasser freigebend, dann wieder umschlossen vom Mischwald, bis wir schließlich nach 2,3 Kilometern direkt am Wasser fahren, nur durch den Uferbewuchs getrennt. Eine Brise trägt den Geruch des Gewässers zu uns, das sich hier Möserscher See nennt. Die glucksenden kleinen Wellen brechen das tiefe Blau des Wassers und lassen die Sonnenstrahlen funkeln. Hier finden wir eine kleine Bank am Schilf, die uns überredet zu pausieren.

Wir kommen nun nach **Kirchmöser,** einem geschichtsträchtigen Ortsteil von Brandenburg, mitten in der Seenlandschaft gelegen. Nach rechts dem grünen Pfeil folgend, passieren wir viele Bootsstege und das **Restaurant Havelhecht** (6) mit Terrasse und Blick auf den See.

Unser Radweg endet an der Uferstraße. Eigentlich sollten wir jetzt rechts fahren, aber wenn Appetit auf leckere Kuchen gestillt werden muss, dann kann man das hervorragend im **Hofcafé Gränert** (7) erledigen – links in die Uferstraße, dann ums Eck in die Gränertstraße, und schon wird man bestens versorgt. Weiter auf der Tour geht es nun die Uferstraße in die andere Richtung. Nach 850 Metern biegen wir rechts in die Straße Wustrauer Anger ab. Wir befinden uns nun in der **historischen Wohnsiedlung Kirchmöser Ost** (8).

Wir radeln zwischen zwei symmetrischen Gebäuden hindurch, die wie ein großes Portal wirken. Die nun folgenden Gebäude sind vielfältig und variantenreich gestaltet. Es eröffnet sich ein kleiner dreieckiger

__Kirchmöser__ liegt auf einer Halbinsel, umgeben von Seen. Das historische Ensemble aus Industriekultur und Wohnsiedlungen ist beeindruckend. Die denkmalgeschützte Siedlung Kirchmöser Ost wurde in den 1920er-Jahren errichtet und ist weitgehend erhalten.

Denkmalgeschützte Siedlung in Kirchmöser

Industrieromantik in Kirchmöser

Platz mit orangefarbenen und blauen Häusern mit braunen Fensterläden. Wir fahren links in die Straße hinein; rechts von uns liegt ein kleiner hufeisenförmiger Gebäudekomplex am Hang. Alles ist stimmig, leuchtet in freundlichen Farben und wirkt sympathisch aus der Zeit gefallen. Am Ende unserer Straße gelangen wir auf die Grenzstraße. Diese fahren wir zunächst rechts bis zum Ende, wo uns die **Badestelle Kirchmöser** 9 erwartet – wir stehen am Ufer des Plauer Sees.

Um unsere Tour fortzusetzen, radeln wir zunächst die Grenzstraße zurück, bis wir auf die **Uferstraße** gelangen. In diese biegen wir rechts ein und radeln rund 1,8 Kilometer bis zur Ampelkreuzung. Auf dem Weg dorthin können wir rechts in einiger Entfernung den aus Backsteinen gemauerten **Wasserturm** entdecken; er steht inmitten des ehemaligen und in Wiederbelebung begriffenen Industriebereichs von Kirchmöser.

An der Ampel nun biegen wir rechts in die Straße **Unter den Platanen** ab; sie führt uns an dem Industriegebiet vorbei: Schienen, Backsteingebäude und Türme zeugen von der alten Nutzung. Nach etwa 1 Kilometer erblicken wir links von uns auf einem Grünstreifen eine **historische Dampflok** 10 aus dem Jahr 1944.

Kurz darauf überqueren wir den Kreisverkehr mit dem hohen weißen **Obelisken** und verlassen die Halbinsel Kirchmöser über die **Seegartenbrücke.**

Knapp 100 Meter hinter der Brücke kommen wir zum rechts von uns liegenden Eingang des **Plauer Parks.** Ein wunderbar am Ufer gelegener Weg tauscht die Eindrücke von Industriekultur gegen Natur und Ruhe. Auf unserem Weg am Ufer passieren wir den mit Bär und Schraubenziege geschmückten **Tontaubenschießstand** – den ältesten weltweit. Wie ein großer, weiter Balkon steht er hier mit dem Blick zum See. Kurz darauf können wir rechts beim Fontanedenkmal einbiegen – auf einen Weg, der uns zu einem **Picknickplatz** ⑪ mit Tischen und Bänken am Wasser führt; kaum etwas erinnert daran, dass dies die Reste eines DDR-Zollanlegers zur Kontrolle der Schifffahrt von und nach Westberlin sind.

Unser Weg führt uns weiter bis zum **Schloss Plaue.** Wir umfahren es, und finden hinter dem Schloss die perfekt am Wasser gelegene **Schloss Schänke** ⑫, wo wir uns erneut mit Kaffee und Kuchen versorgen können.

Nach der Schloss Schänke geht es am Bornufer ein paar Meter hinauf bis zur Genthiner Straße, rechts von uns liegt die alte Havelbrücke. Aufgrund der Sperrung der alten Havelbrücke fahren wir über die **Westhavellandbrücke:** zunächst ein paar Meter die Genthiner Straße hinunter zur Kietzstraße. In diese biegen wir rechts ein und fahren 300 Meter bis zur Ampel. Wir biegen hier rechts in die B1 ein und fahren auf dem Radweg über die Brücke. Etwa 300 Meter hinter der Havel mündet die Alternativroute über die alte Havelbrücke hier ein.

Der Radweg wechselt an der nächsten Kreuzung die Straßenseite und nun geht es für 4 Kilometer bis zum Silokanal weiter auf dem Radweg, vorwiegend durch bewaldete Landschaft, im hinteren Abschnitt auch vorbei an einer langen Mauer voller **Graffiti.** Am Ende der Graffiti wechseln wir wieder die Straßenseite

!

*Nach der Instandsetzung der alten **Havelbrücke** können wir hier direkt über die Havel fahren. Hinter der Brücke bei Margaretenhof links auf der Plauer Landstraße bleiben und nach 500 Metern rechts in den Radweg an der B1 einbiegen – wir sind zurück auf der Tour.*

und biegen kurz vor der Brücke am Silokanal rechts in den **Quenzweg** ein, der uns in einem Bogen unter der B1 hindurchführt. 200 Meter hinter der Unterführung gelangen wir über einen kurzen Pfad zum Weg direkt am **Silokanal.** Hier radelt es sich entspannt und ruhig, und wir können die großen Verladekräne auf der anderen Seite des Kanals beobachten.

Wir unterqueren zunächst eine Brücke, dann verlassen wir bei der zweiten Brücke den Weg und überqueren nun den Silokanal. Hier befinden wir uns wieder im urbanen Ambiente der Stadt Brandenburg.

Wir fahren die **August-Bebel-Straße** bis zur **Fontanestraße,** überqueren diese an der Ampel und setzen die Fahrt auf der anderen Seite leicht links versetzt hinter den Tramgleisen fort. Auf der **Karl-Marx-Straße** nun an der Gabelung links in die **Harlunger Straße** mit den hübschen Stadthäusern, wieder links auf die **Magdeburger Straße** und am **Nicolaiplatz** noch einmal links auf die Plauer Straße. Wir sind jetzt in der **Altstadt von Brandenburg** und fahren am **Plauer Turm** vorbei, einem der vielen Stadttürme von Brandenburg.

Im 15. Jahrhundert schützten sich die Brandenburger durch ***Mauern, Tore und Türme*** *vor Angriffen. Von diesen sind nur noch Reste zu sehen. Auf die verbliebenen Türme sind die Brandenburger so stolz, dass sie sie einmal jährlich beim Türmetag für Besucher öffnen.*

100 Meter hinter dem Turm biegen wir rechts in die Ritterstraße ein, diese führt uns zur **Jahrtausendbrücke** im quirligen und lebendigen Zentrum der Stadt. In der direkten Umgebung finden sich einige Restaurants und Cafés, wo wir kurz vor dem Ziel unserer Tour noch einmal Pause machen können.

Wir fahren die Straße hinter der Brücke geradeaus weiter; sie heißt hier Hauptstraße und führt uns in die **Neustadt.** Neustadt und Altstadt sind die beiden im 12. Jahrhundert gegründeten historischen Orte, die später zur Stadt Brandenburg vereinigt wurden.

Wir überqueren den **Molkenmarkt** und biegen hinter der nächsten Brücke, die über den Stadtkanal führt, rechts in die **Geschwister-Scholl-Straße** ein. Diese bringt uns nach 500 Metern zum **Hauptbahnhof** – wir sind am Ziel.

Fontanedenkmal im Schlosspark Plaue

Kaltenhausen
Görden
Nord
Beetzsee
Kleiner Beetzsee
L 911
Silokanal
102
Willi-Sänger-Straße
L 98
L 91
Dom
Marienberg
Altstadt
Plauer Landstraße
L 962
Heidekrug
Quenzsiedlung
1
Plaue
Quenzsee
Neuendorfer Vorstadt
Neustadt
Brandenburger Stadtkanal
Brandenburg an der Havel
Otto-Sidow-Straße
Wendsee
Kirchmöser West
Unter den Platanen
Plauer See
Naturschutzgebiet Buhnenwerder-Wusterau
Buhnenwerder
Neuendorf
Brandenburger Niederhavel
Stadthavel
Plane
L 93
Neujahrsgraben
Bruchgraben
Göttiner Landstraße
Uferstraße
Heiliger See
Kirchmöser Ost
Kirchmöser Dorf
Breitlingsee
Kiehnwerder
Möserscher See
Schmöllner Weg
Ziesarer Landstraße
Siedlung Eigene Scholle
Großer Wusterwitzer See
Wilhelmsdorf
Krugpark
Göttin
Zolchberge
1
2
3
4
5
6
7
8
9
10
11
12

Alles auf einen Blick

WIE & WANN:
Die Tour verläuft überwiegend auf asphaltierten Radwegen, im Plauer Park auf Schotterwegen. Im historischen Stadtkern der Stadt Brandenburg ist Kopfsteinpflaster anzutreffen. Insgesamt guter Untergrund. Ganzjährig befahrbar; kurze Abschnitte im Plauer Schlosspark können bei Regen matschig sein. Mit den Badestellen an warmen Tagen besonders schön.

HIN & WEG:
Auto: Parkplätze am Hauptbahnhof Brandenburg (GPS: 52.400761, 12.564731)
ÖPNV: Hauptbahnhof Brandenburg mit Bahnverbindungen nach Berlin und Rathenow

ESSEN & ENTSPANNEN:
Ausflugslokal Buhnenhaus ❷ Buhnenhaus 1, 14776 Brandenburg an der Havel, Tel. (0 33 81) 6 19 00 90, www.buhnenhaus.de
Ausflugslokal Malge ❺ Malge 2, 14776 Brandenburg an der Havel, Tel. (0 33 81) 7 98 96 91, www.malge.com
Restaurant Havelhecht ❻ Gränertstraße 16D, 14774 Brandenburg an der Havel
Hofcafé Gränert ❼ Gränertstraße 6, 14774 Brandenburg an der Havel, Tel. (0 33 81) 8 91 81 40, www.hofcafe-graenert.de
Schloss Schänke Plaue ⓬ Schloßstraße 27, 14774 Brandenburg an der Havel, Tel. (0 33 81) 3 06 23 62

ENTDECKEN & ERLEBEN:
Jakobskapelle ❶ Jacobstraße 19, 14776 Brandenburg an der Havel
Kleine Badestelle am Breitlingsee ❸ **Große Badestelle am Breitlingsee ❹**
Historische Wohnsiedlung Kirchmöser Ost ❽ **Badestelle Kirchmöser Ost ❾**
Historische Dampflok Kirchmöser ❿
Picknickplatz im Plauer Park ⓫ (ehemaliger Zollanleger)

Entspannung ★★★★☆
Genuss ★★★★☆
Romantik ★★★★☆

Die GPS-Daten zu jeder Tour gibt es auf
www.droste-verlag.de

Konzeption: Droste Verlag, Düsseldorf
Einbandgestaltung: Britta Rungwerth, Düsseldorf, unter Verwendung von Bildern von © Fotolia.com: Andrey Kuzmin, undrey, dabost, niroworld; © www.stock.adobe.com: Алёна Владимировна
Fotos: Detlef Hüttemann
Karten: Thorsten David, Bochum
Textlektorat: Mo Kreutzberg, Düsseldorf
Druck und Bindung: LUC GmbH, Greven

MIX
Papier aus verantwortungsvollen Quellen
FSC
www.fsc.org
FSC® C011279

ISBN 978-3-7700-2404-9
www.droste-verlag.de